ŒUVRES COMPLÈTES

DE

M. EUGÈNE SUE.

LES MYSTÈRES DE PARIS.

Ouvrages nouveaux de M. Eugène Sue,

QUI SE TROUVENT A LA MÊME LIBRAIRIE.

LATRÉAUMONT, 2 vol. in-8°.
ARTHUR, 4 vol. in-8°.
DELEYTAR, 2 vol. in-8°.
LE MARQUIS DE LÉTORIÈRE, 1 vol. in-8°.
JEAN CAVALIER, ou LES FANATIQUES DES CÉVENNES, 4 vol. in-8°.
DEUX HISTOIRES : HERCULE-HARDI ET LE COLONEL SURVILLE, 1772 — 1810, 2 vol. in-8°.
LE COMMANDEUR DE MALTE, histoire maritime du temps de Louis XIII, 2 vol. in-8°.
MATHILDE, MÉMOIRES D'UNE JEUNE FEMME, 6 vol. in-8°.
LE MORNE-AU-DIABLE, 2 volumes in-8°.
THÉRÈSE DUNOYER, 2 volumes in-8°.
PAULA MONTI, 2 volumes in-8°.

Ouvrages de M. Eugène Sue

FAISANT PARTIE DE LA BIBLIOTHÈQUE D'ÉLITE.

LA SALAMANDRE, 1 vol. in-18, papier jésus vélin.
PLICK ET PLOCK, Nouvelles maritimes, 1 vol. in-18, papier jésus vélin.
ATAR GULL, Nouvelles maritimes, 1 vol. in-18, papier jésus vélin.
ARTHUR, 2 vol. in-18, papier jésus vélin.
LA COUCARATCHA, 2 vol. in-18, papier jésus vélin.
LA VIGIE DE KOAT-VEN, 2 vol. in-18, papier jésus vélin.

Paris. Imprimé par Béthune et Plon.

LES
MYSTÈRES
DE PARIS.

Par EUGÈNE SUE,
AUTEUR DE MATHILDE.

PREMIÈRE SÉRIE.

PARIS.

LIBRAIRIE DE CHARLES GOSSELIN,
Éditeur de la Bibliothèque d'Élite.
30, RUE JACOB.
MDCCCXLII.

LES MYSTÈRES DE PARIS.

PREMIÈRE PARTIE.

CHAPITRE PREMIER.

LE TAPIS-FRANC.

Un *tapis-franc*, en argot de vol et de meurtre, signifie un estaminet ou un cabaret du plus bas étage.

Un repris de justice qui, dans cette langue immonde, s'appelle un *ogre*, ou une femme de même dégradation qui s'appelle une *ogresse*, tiennent ordinairement ces tavernes, hantées par le rebut de la population parisienne : forçats libérés, escrocs, voleurs, assassins y abondent.

Un crime a-t-il été commis, la police jette, si cela se peut dire, son filet dans cette fange; presque toujours elle y prend les coupables.

Ce début annonce au lecteur qu'il doit assister à de sinistres scènes; s'il y consent il pénétrera dans des régions horribles, inconnues; des types hideux, effrayants, fourmilleront dans ces cloaques impurs comme les reptiles dans les marais.

Tout le monde a lu ces admirables pages dans lesquelles Cooper, le Walter Scott américain, a retracé les mœurs féroces des sauvages, leur langue pittoresque, poétique, les mille ruses à l'aide desquelles ils fuient ou poursuivent leurs ennemis.

On a frémi pour les colons et pour les habitants des villes, en songeant que si près d'eux vivaient et rôdaient ces tribus barbares, que leurs habitudes sanguinaires rejetaient si loin de la civilisation.

Nous allons essayer de mettre sous les yeux du lecteur quelques épisodes de la vie d'autres barbares aussi en dehors de la civilisation que les sauvages peuplades si bien peintes par Cooper.

LE TAPIS-FRANC.

Seulement les barbares dont nous parlons sont au milieu de nous ; nous pouvons les coudoyer en nous aventurant dans les repaires où ils vivent, où ils se rassemblent pour concerter le meurtre, le vol, pour se partager enfin les dépouilles de leurs victimes.

Ces hommes ont des mœurs à eux, des femmes à eux, un langage à eux; langage mystérieux, rempli d'images funestes, de métaphores dégouttantes de sang.

Comme les sauvages, enfin, ces gens s'appellent généralement entre eux par des surnoms empruntés à leur énergie, à leur cruauté, à certains avantages ou à certaines difformités physiques.

Nous abordons avec une double défiance quelques-unes des scènes de ce récit.

Nous craignons d'abord qu'on ne nous accuse de rechercher des épisodes repoussants, et, une fois même cette licence admise, qu'on nous trouve au-dessous de la tâche qu'impose la reproduction fidèle, vigoureuse, hardie, de ces mœurs excentriques.

En écrivant ces passages dont nous sommes presque effrayé, nous n'avons pu échapper à une sorte de serrement de cœur... nous n'oserions dire de douloureuse anxiété..... de peur de prétention ridicule.

En songeant que peut-être nos lecteurs éprouveraient le même ressentiment, nous nous sommes demandé s'il fallait nous arrêter ou persévérer dans la voie où nous nous engagions, si de pareils tableaux devaient être mis sous les yeux du lecteur.

Nous sommes presque resté dans le doute ; sans l'impérieuse exigence de la narration, nous regretterions d'avoir placé en si horrible lieu l'exposition du récit qu'on va lire. Pourtant nous comptons un peu sur l'espèce de curiosité craintive qu'excitent quelquefois les spectacles terribles.

Et puis, encore, nous croyons à la puissance des contrastes.

Sous ce point de vue de l'art, il est peut-être bon de reproduire certains caractères, certaines existences, certaines figures, dont les couleurs sombres, énergiques, peut-être même crues, serviront de repoussoir, d'opposition à des scènes d'un tout autre genre.

Le lecteur prévenu de l'excursion que nous

lui proposons d'entreprendre parmi les naturels de cette race infernale qui peuple les prisons, les bagnes, et dont le sang rougit les échafauds.... le lecteur voudra peut-être bien nous suivre. Sans doute cette investigation sera nouvelle pour lui ; hâtons-nous de l'avertir que s'il pose d'abord le pied sur le dernier échelon de l'échelle sociale, à mesure que le récit marchera, l'atmosphère s'épurera de plus en plus.

. . . .

Le 13 décembre 1838, par une soirée pluvieuse et froide, un homme d'une taille athlétique, vêtu d'une mauvaise blouse, traversa le Pont-au-Change et s'enfonça dans la Cité, dédale de rues obscures, étroites, tortueuses, qui s'étend depuis le Palais-de-Justice jusqu'à Notre-Dame.

Le quartier du Palais-de-Justice, très-circonscrit, très-surveillé, sert pourtant d'asile ou de rendez-vous aux malfaiteurs de Paris. N'est-il pas étrange, ou plutôt fatal, qu'une irrésistible attraction fasse toujours graviter ces criminels autour du formidable tribunal qui les condamne à la prison, au bagne, à l'échafaud!

Cette nuit-là donc, le vent s'engouffrait violemment dans les espèces de ruelles de ce lugubre quartier; la lueur blafarde, vacillante, des reverbères agités par la bise, se reflétait dans le ruisseau d'eau noirâtre qui coulait au milieu des pavés fangeux.

Les maisons couleur de boue étaient percées de quelques rares fenêtres aux châssis vermoulus et presque sans carreaux. De noires, d'infectes allées conduisaient à des escaliers plus noirs, plus infects encore, et si perpendiculaires que l'on pouvait à peine les gravir à l'aide d'une corde à puits fixée aux murailles humides par des crampons de fer.

Le rez-de-chaussée de quelques-unes de ces maisons était occupé par des étalages de charbonniers, de tripiers, ou de revendeurs de mauvaises viandes.

Malgré le peu de valeur de ces denrées, la devanture de presque toutes ces misérables boutiques était grillagée de fer, tant les marchands redoutaient les audacieux voleurs de ce quartier.

L'homme dont nous parlons, en entrant dans la rue aux Fèves, située au centre de la Cité, ralentit beaucoup sa marche : il se sentait *sur son terrain*.

La nuit était profonde, l'eau tombait à torrents, de fortes rafales de vent et de pluie fouettaient les murailles.

Dix heures sonnaient dans le lointain à l'horloge du Palais-de-Justice.

Des femmes embusquées sous des porches voûtés, obscurs, profonds comme des cavernes, chantaient à demi-voix quelques refrains populaires.

Une de ces créatures était sans doute connue de l'homme dont nous parlons ; car, s'arrêtant brusquement devant elle, il la saisit par le bras.

La malheureuse recula en disant d'une voix craintive :

— Bonsoir, *Chourineur* (1).

Cet homme, repris de justice, avait été ainsi surnommé au bagne.

(1) Bonsoir, *donneur de coups de couteau*. (Nous n'abuserons pas long-temps de cet affreux langage d'*argot*, nous en donnerons seulement quelques spécimens caractéristiques.)

— C'est toi, la *Goualeuse* (1) — dit l'homme en blouse — tu vas me payer l'*eau d'aff* (2), ou je te fais danser sans violons !

— Je n'ai pas d'argent — répondit la femme en tremblant; car cet homme inspirait une grande terreur dans le quartier.

— Si ta *filoche* est *à jeun* (3), l'*ogresse* du tapis-franc te fera crédit sur ta bonne mine.

— Mon Dieu..... je lui dois déjà le loyer des vêtements que je porte.....

— Ah ! tu raisonnes ? — s'écria le Chourineur; et il donna dans l'ombre et au hasard un si violent coup de poing à cette malheureuse, qu'elle poussa un cri de douleur aigu.

— Ça n'est rien que ça, ma fille; c'est pour t'avertir....

A peine le brigand avait-il dit ces mots qu'il s'écria avec un effroyable jurement :

— Je suis piqué à l'aileron : tu m'as égratigné avec tes ciseaux !

Et, furieux, il se précipita à la poursuite de la *Goualeuse* dans l'allée noire.

(1) La Chanteuse.
(2) L'eau-de-vie.
(3) Si ta bourse est vide.

— N'approche pas, ou je te crève les *ardents* avec mes *fauchants* (1) — dit-elle d'un ton déterminé. — Je ne t'avais rien fait, pourquoi m'as tu battue ?....

— Je vais te dire ça — s'écria le bandit en s'avançant toujours dans l'obscurité.

— Ah! je te tiens! et tu vas la danser! — ajouta-t-il en saisissant dans ses larges et fortes mains un poignet mince et frêle.

— C'est toi qui vas danser! — dit une voix mâle.

— Un homme! Est-ce toi, Bras-Rouge? réponds donc et ne serre pas si fort.... j'entre dans l'allée de ta maison... ça peut bien être toi...

— Ça n'est pas Bras-Rouge — dit la voix.

— Bon, puisque ça n'est pas un ami... il va y avoir du *raisiné par terre* (2) — s'écria le Chourineur. — Mais à qui donc la petite patte que je tiens là ?

— C'est la pareille de celle-ci.

Sous la peau délicate et douce de cette main qui vint le saisir brusquement à la gorge, le

(1) Je te crève les yeux avec mes ciseaux.
(2) Du sang de répandu.

Chourineur sentit se tendre des nerfs et des muscles d'acier.

La Goualeuse, réfugiée au fond de l'allée, avait lestement grimpé plusieurs marches; elle s'arrêta un moment, et s'écria, en s'adressant à son défenseur inconnu :

— Oh ! merci, monsieur, d'avoir pris mon parti. Le Chourineur m'a battue parce que je ne voulais pas lui payer d'eau-de-vie. Je me suis revengée; mais je n'ai pu lui faire grand mal avec mes petits ciseaux. Maintenant je suis en sûreté, laissez-le; prenez bien garde à vous... C'est le *Chourineur*.

L'effroi qu'inspirait cet homme était bien grand...

— Mais vous ne m'entendez donc pas?..... Je vous dis que c'est le Chourineur! — répéta la Goualeuse.

— Et moi je suis un *ferlampier* qui n'est pas *frileux* (1) — dit l'inconnu.

Puis tout se tut.

On entendit pendant quelques secondes le bruit d'une lutte acharnée.

---

(1) Je suis un bandit qui n'est pas poltron.

— Mais tu veux donc que je *t'escarpe* (1)?
— s'écria le bandit en faisant un violent effort pour se débarrasser de son adversaire, qu'il trouvait d'une vigueur extraordinaire. — Bon, bon, tu vas payer pour la Goualeuse et pour toi — ajouta-t-il en grinçant les dents.

— Payer! en monnaie de coups de poing, oui... — répondit l'inconnu.

— Si tu ne lâches pas ma cravate, je te mange le nez — murmura le Chourineur d'une voix étouffée.

— J'ai le nez trop petit, mon homme, et tu n'y vois pas clair!

— Alors viens sous le *pendu glacé* (2).

— Viens — reprit l'inconnu — nous nous y regarderons le blanc des yeux.

Et, se précipitant sur le Chourineur, qu'il tenait toujours au collet, il le fit reculer jusqu'à la porte de l'allée, et le poussa violemment dans la rue, à peine éclairée par la lueur du réverbère.

Le bandit trébucha; mais, se raffermissant

(1) Que je te tue.....
(2) Sous le réverbère.

aussitôt, il s'élança avec furie contre l'inconnu, dont la taille très-svelte et très-mince ne semblait pas annoncer la force incroyable qu'il déployait.

Le Chourineur, quoique d'une constitution athlétique et de première habileté dans une sorte de pugilat appelé vulgairement la *savate*, trouva, comme on dit, *son maître*.

L'inconnu lui *passa la jambe* (sorte de croc-en-jambe) avec une dextérité merveilleuse, et le renversa deux fois.

Ne voulant pas encore reconnaître la supériorité de son adversaire, le Chourineur revint à la charge en rugissant de colère.

Alors le défenseur de la Goualeuse, changeant brusquement de méthode, fit pleuvoir sur la tête du bandit une grêle de coups de poing aussi rudement assénés qu'avec un gantelet de fer.

Ces coups de poing, dignes de l'envie et de l'admiration de Jack Turner, l'un des plus fameux boxeurs de Londres, étaient d'ailleurs si en dehors des règles de la *savate*, que le Chourineur en fut doublement étourdi; pour la troisième fois le brigand tomba comme un bœuf sur le pavé en murmurant:

— *Mon linge est lavé* (1).

— S'il renonce, ne l'achevez pas, ayez pitié de lui! — dit la Goualeuse, qui pendant cette rixe s'était hasardée sur le seuil de l'allée de la maison de Bras-Rouge. Puis elle ajouta avec étonnement: — Mais qui êtes-vous donc? Excepté le *Maître d'école*, il n'y a personne, depuis la rue Saint-Éloi jusqu'à Notre-Dame, capable de battre le Chourineur. Je vous remercie bien, monsieur; hélas!... sans vous il m'assommait.

L'inconnu, au lieu de répondre à cette femme, écoutait attentivement sa voix.

Jamais timbre plus doux, plus frais, plus argentin, ne s'était fait entendre à son oreille; il tâcha de distinguer les traits de la Goualeuse; il ne put y parvenir, la nuit était trop sombre, la clarté du réverbère trop pâle.

Après être resté quelques minutes sans mouvement, le Chourineur remua les jambes, les bras, et enfin se leva sur son séant.

(1) Je m'avoue vaincu, j'en ai assez.

— Prenez garde! — s'écria la Goualeuse en se réfugiant de nouveau dans l'allée et en tirant son protecteur par le bras — prenez garde! il va peut-être vouloir se revenger.

— Sois tranquille, ma fille; s'il en veut encore, j'ai de quoi le servir.

Le brigand entendit ces mots.

— J'ai la coloquinte en bringues — dit-il à l'inconnu. — Pour aujourd'hui j'en ai assez, je n'en mangerai plus; une autre fois je ne dis pas... si je te retrouve.....

— Est-ce que tu n'es pas content? Est-ce que tu te plains? — s'écria l'inconnu d'un ton menaçant. — Est-ce que j'ai *macaroné* (1)?

— Non! non, je ne me plains pas..... tu es un cadet qui a de l'*atout* (2) — dit le brigand d'un ton bourru, mais avec cette sorte de considération respectueuse que la force physique impose toujours aux gens de cette espèce. — Tu m'as rincé; et, excepté le Maître d'école, qui mangerait trois Alcides à son déjeuner, personne jusqu'à cette heure ne peut se vanter de me mettre le pied sur la tête.

(1) Agi en traître.
(2) Qui a du courage.

— Éh bien! après?

— Après?... j'ai trouvé mon maître, voilà tout. Tu auras le tien un jour ou l'autre, tôt ou tard..., tout le monde trouve le sien... à défaut d'homme il y a toujours bien le *meg* des *megs* (1), comme disent les *sangliers* (2). Ce qui est sûr, c'est que maintenant que tu as mis le Chourineur sous tes pieds, tu peux faire les quatre cents coups dans la Cité..... Toutes les filles d'amour seront tes esclaves: *ogres* et *ogresses* n'oseront pas refuser de te faire crédit..... Ah çà! mais qui es-tu donc?... tu *dévides* le *jars* (3) comme père et mère! Si tu es *grinche* (4), je ne suis pas ton homme. J'ai *chouriné* (5), c'est vrai; parce que quand le sang me monte aux yeux, j'y vois rouge... et il faut que je frappe... mais j'ai payé mes chourinades en allant quinze ans au *pré* (6). Mon temps est fini, je ne dois rien aux *curieux* (7), et je n'ai jamais *grinché* (8); demande à la Goualeuse!

(1) Dieu.
(2) Les prêtres.
(3) Tu parles argot.
(4) Voleur.
(5) Donné des coups de couteau à un homme.
(6) Aux galères.
(7) Aux juges.
(8) Volé.

— C'est vrai, ce n'est pas un voleur, dit celle-ci.

— Alors viens boire un verre d'eau d'aff, et tu me connaîtras — dit l'inconnu; — allons, sans rancune.

— C'est honnête de ta part... Tu es mon maître, je le reconnais, tu sais rudement jouer des poignets...; il y a eu surtout la grêle de coups de poing de la fin..... Tonnerre! comme ça me pleuvait sur la boule! Je n'ai jamais rien vu de pareil... comme c'était festonné!... ça allait comme un marteau de forge! C'est un nouveau jeu..... faudra me l'apprendre.....

— Je recommencerai quand tu voudras.

— Pas sur moi toujours, dis donc, eh, pas sur moi! J'en ai encore des éblouissements... Mais tu connais donc Bras-Rouge, que tu étais dans l'allée de sa maison?

— Bras-Rouge? — dit l'inconnu surpris de cette question — je ne sais pas ce que tu veux dire; il n'y a pas que Bras-Rouge qui habite cette maison, sans doute?

— Si fait, mon homme... Bras-Rouge a ses raisons pour ne pas aimer les voisins — dit le Chourineur en souriant d'un air singulier.

— Eh bien! tant mieux pour lui — reprit l'inconnu qui semblait ne pas vouloir continuer la conversation à ce sujet. — Je ne connais pas plus Bras-Rouge que Bras-Noir; il pleuvait, j'étais entré un moment dans cette allée pour me mettre à l'abri : tu as voulu battre cette pauvre fille, je t'ai battu... voilà tout.

— C'est juste; d'ailleurs tes affaires ne me regardent pas; tous ceux qui ont besoin de Bras-Rouge ne vont pas le dire à Rome. N'en parlons plus. — Puis, s'adressant à la Goualeuse: — Foi d'homme! tu es une bonne fille; je t'ai donné une calotte, tu m'as rendu un coup de ciseaux, c'était de jeu; mais ce qui est gentil de ta part, c'est que tu n'as pas aguiché cet enragé-là contre moi... quand je n'en voulais plus... Tu viendras boire avec nous! c'est monsieur qui paie! A propos de ça, mon brave — dit-il à l'inconnu — si au lieu d'aller *pitancher* (1) de *l'eau d'aff*, nous allions nous *refaire de sorgue* (2) chez

(1) Boire.
(2) Souper.

l'ogresse du Lapin-Blanc : c'est un tapis-franc.

— Tope..., je paie à souper. Veux-tu venir, la Goualeuse? dit l'inconnu.

— Oh! j'avais bien faim, répondit-elle ; — mais de voir des batteries, ça m'écœure, je n'ai plus d'appétit.

— Bah! bah! ça te viendra en mangeant, — dit le Chourineur — et la cuisine est fameuse au Lapin-Blanc.

Les trois personnages, alors en parfaite intelligence, se dirigèrent vers la taverne.

Pendant la lutte du Chourineur et de l'inconnu, un charbonnier d'une taille colossale, embusqué dans une autre allée, avait observé avec anxiété les chances du combat, sans toutefois, ainsi qu'on l'a vu, prêter le moindre secours à l'un des deux adversaires.

Lorsque l'inconnu, le Chourineur et la Goualeuse se dirigèrent vers la taverne, le charbonnier les suivit.

Le bandit et la Goualeuse entrèrent les premiers dans le tapis-franc; l'inconnu les suivait lorsque le charbonnier s'approcha et lui dit tout bas, en anglais et d'un ton de respectueuse remontrance :

— Monseigneur... prenez bien garde !

L'inconnu haussa les épaules et rejoignit ses compagnons.

Le charbonnier ne s'éloigna pas de la porte du cabaret ; prêtant l'oreille avec attention, il regardait de temps à autre au travers d'un petit jour pratiqué dans l'épaisse couche de blanc d'Espagne dont les vitres de ces repaires sont toujours enduites intérieurement.

CHAPITRE II.

L'OGRESSE.

Le cabaret du *Lapin-Blanc* est situé vers le milieu de la rue *aux Fèves*. Cette taverne occupe le rez-de-chaussée d'une haute maison dont la façade se compose de deux fenêtres dites *à guillotine*.

Au-dessus de la porte d'une sombre allée voûtée, se balance une lanterne oblongue dont la vitre fêlée porte ces mots écrits en lettres rouges : *Ici on loge à la nuit.*

Le Chourineur, l'inconnu et la Goualeuse entrèrent dans la caverne.

C'est une vaste salle basse, au plafond enfumé, rayé de solives noires, éclairée par la lumière rougeâtre d'un mauvais quinquet. Les murs récrépis à la chaux sont couverts çà et là de dessins grossiers ou de sentences en termes d'argot.

Le sol battu, salpêtré, est imprégné de boue; une brassée de paille est déposée, en guise de tapis, au pied du comptoir de l'ogresse, situé à droite de la porte et au-dessous du quinquet.

De chaque côté de cette salle il y a six tables; d'un bout elles sont scellées au mur, ainsi que les bancs qui les accompagnent. Au fond une porte donne dans une cuisine; à droite, près du comptoir, existe une sortie sur l'allée qui conduit aux taudis où l'on couche à trois sous la nuit.

Maintenant quelques mots de l'ogresse et de ses hôtes.

L'ogresse s'appelle la mère *Ponisse :* sa triple profession consiste à loger, à tenir un cabaret, et à louer des vêtements aux misérables créatures qui pullulent dans ces rues immondes.

L'ogresse a quarante ans environ. Elle est grande, robuste, corpulente, haute en couleur et quelque peu barbue. Sa voix rauque, virile, ses gros bras, ses larges mains, annoncent une force peu commune; elle porte sur son bonnet un vieux foulard rouge et jaune ; un châle de poil de lapin se croise sur sa poitrine et se noue derrière son dos ; sa robe de laine verte laisse voir des sabots noirs souvent incendiés par sa chaufferette ; enfin, le teint de l'ogresse est cuivré, enflammé par l'abus des liqueurs fortes.

Le comptoir, plaqué de plomb, est garni de brocs cerclés de fer et de différentes mesures d'étain ; sur une tablette attachée au mur on voit plusieurs flacons de verre façonnés de manière à représenter la figure en pied de l'Empereur.

Ces bouteilles renferment des breuvages frelatés de couleurs rose et verte, connus sous le nom de *parfait amour* et de *consolation*.

Enfin, un gros chat noir à prunelles jaunes, accroupi près de l'ogresse, semble le démon familier de ce lieu.

Par un contraste qui semblerait impossible si l'on ne savait que l'âme humaine est un abîme impénétrable........ une sainte branche de buis de Pâques, achetée à l'église par l'ogresse, était placée derrière la boîte d'une ancienne pendule à coucou.

Deux hommes à figure sinistre, à barbe hérissée, vêtus presque de haillons, touchaient à peine au broc de vin qu'on leur avait servi, et parlaient à voix basse d'un air inquiet.

L'un d'eux surtout, très-pâle, presque livide, rabattait souvent jusque sur ses sourcils un mauvais bonnet grec dont il était coiffé; il tenait sa main gauche presque toujours cachée, ayant soin de la dissimuler autant que possible lorsqu'il était obligé de s'en servir.

Plus loin s'attablait un jeune homme de seize ans à peine, à la figure imberbe, hâve, creuse, plombée, au regard éteint; ses longs cheveux noirs flottaient autour de son cou; cet adolescent, type du vice précoce, fumait une courte pipe blanche. Le dos appuyé au mur, les deux mains dans les poches de sa blouse, les jambes étendues sur le banc, il ne quittait sa pipe que pour boire à même d'une canette d'eau-de-vie placée devant lui.

Les autres habitués du tapis-franc, hommes ou femmes, n'offraient rien de remarquable; leurs physionomies étaient féroces ou abruties, leur gaieté grossière ou licencieuse, leur silence sombre ou stupide.

Tels étaient les hôtes du tapis-franc lorsque l'inconnu, le Chourineur et la Goualeuse y entrèrent.

Ces trois derniers personnages jouent un rôle trop important dans ce récit, leurs figures sont trop caractérisées, pour que nous ne les mettions pas en relief.

Le Chourineur, homme de haute taille et de constitution athlétique, a des cheveux d'un blond pâle, tirant sur le blanc, des sourcils épais et d'énormes favoris d'un roux ardent.

Le hâle, la misère, les rudes labeurs du bagne ont bronzé son teint de cette couleur sombre, olivâtre, pour ainsi dire, particulière aux forçats.

Malgré son terrible surnom, les traits de cet homme expriment plutôt une sorte d'audace brutale que la férocité ; quoique la partie postérieure de son crâne, singulièrement développée, annonce la prédominance des appétits meurtriers et charnels.

Le Chourineur porte une mauvaise blouse

bleue, un pantalon de gros velours primitivement vert, et dont on ne peut distinguer la couleur sous l'épaisse couche de boue qui le couvre.

Par une anomalie étrange, les traits de la Goualeuse offrent un de ces types angéliques et candides qui conservent leur idéalité même au milieu de la dépravation, comme si la créature était impuissante à effacer par ses vices la noble empreinte que Dieu a mise au front de quelques êtres privilégiés.

La Goualeuse avait seize ans et demi.

Le front le plus pur, le plus blanc, surmontait son visage d'un ovale parfait; une frange de cils, tellement longs qu'ils frisaient un peu, voilait à demi ses grands yeux bleus. Le duvet de la première jeunesse veloutait ses joues rondes et vermeilles. Sa petite bouche purpurine, son nez fin et droit, son menton à fossette, étaient d'une adorable suavité de lignes. De chaque côté de ses tempes satinées, une natte de cheveux d'un blond cendré magnifique descendait en s'arrondissant jusqu'au milieu de la joue, remontait derrière l'oreille dont on apercevait le lobe d'ivoire rosé, puis disparaissait sous les plis serrés d'un grand mouchoir de cotonnade à carreaux bleus, et noué, comme on dit vulgairement, en *marmotte*.

Un collier de grains de corail entourait son cou d'une beauté et d'une blancheur éblouissantes. Sa robe d'alépine brune, beaucoup trop large, laissait deviner une taille fine, souple et ronde comme un jonc. Un mauvais petit châle orange, à franges vertes, se croisait sur son sein.

Le charme de la voix de la Goualeuse avait frappé son défenseur inconnu. En effet, cette voix douce, vibrante, harmonieuse, avait un attrait si irrésistible, que la tourbe de scélérats et de femmes perdues au milieu desquels vivait cette jeune fille la suppliaient souvent de chanter, l'écoutaient avec ravissement, et l'avaient surnommée la *Goualeuse* (la chanteuse).

La Goualeuse avait reçu un autre surnom, dû sans doute à la candeur virginale de ses traits......

On l'appelait encore *Fleur-de-Marie*, mots qui, en argot, signifient *la Vierge*.

Pourrons-nous faire comprendre au lecteur notre singulière impression, lorsqu'au milieu de ce vocabulaire infâme, où les mots qui signifient le vol, le sang, le meurtre, sont encore plus hideux et plus effrayants que les hideuses et effrayantes choses qu'ils expriment, lorsque nous avons, disons-nous, surpris cette métaphore d'une poésie si douce, si tendrement pieuse : *Fleur-de-Marie ?*

Ne dirait-on pas un beau lis élevant la neige odorante de son calice immaculé au milieu d'un champ de carnage ?

Bizarre contraste, étrange hasard! les inventeurs de cette épouvantable langue se sont ainsi élevés jusqu'à une sainte poésie ! Ils ont prêté un charme de plus à la chaste pensée qu'ils voulaient exprimer !

Ces réflexions n'amènent-elles pas à croire, en songeant aussi à d'autres contrastes qui rompent souvent l'horrible monotonie des existences les plus criminelles, que certains principes de moralité, de piété, pour ainsi dire innés, jettent encore quelquefois çà et là de vives lueurs dans les âmes les plus ténébreuses ? Les scélérats *tout d'une pièce* sont des phénomènes assez rares.

Le défenseur de la Goualeuse (nous nommerons cet inconnu Rodolphe (paraissait âgé de trente à trente-six ans ; sa taille, moyenne, svelte, parfaitement proportionnée, ne semblait pas annoncer la vigueur surprenante que cet homme venait de déployer dans sa lutte avec l'athlétique Chourineur.

Il eût été très-difficile d'assigner un caractère certain à la physionomie de Rodolphe ; elle réunissait les contrastes les plus bizarres.

Ses traits étaient régulièrement beaux, trop beaux peut-être pour un homme.

Son teint d'une pâleur délicate, ses grands yeux d'un brun orangé, presque toujours à demi fermés et entourés d'une légère auréole d'azur, sa démarche nonchalante, son regard distrait, son sourire ironique, semblaient annoncer un homme blasé, dont la constitution était sinon délabrée, du moins affaiblie par les aristocratiques excès d'une vie opulente.....

Et pourtant, de sa main élégante et blanche, Rodolphe venait de terrasser un des bandits les plus robustes, les plus redoutés de ce quartier de bandits.

Nous disons *aristocratiques excès*, parce que l'ivresse d'un vin généreux diffère complètement de l'ivresse d'un affreux breuvage frelaté ; parce qu'en un mot, aux yeux de l'observateur, les excès diffèrent des symptômes comme ils diffèrent de nature et d'espèce.

Certains plis du front de Rodolphe révélaient le penseur profond, l'homme essentiellement contemplatif.... et pourtant la fermeté des contours de sa bouche, son port de tête quelquefois impérieux et hardi, décelaient alors l'homme d'action, dont la force physique, dont l'audace exercent toujours sur la foule un irrésistible ascendant.

Souvent son regard se chargeait d'une triste mélancolie, et tout ce que la commisération a de plus secourable, tout ce que la pitié a de plus touchant, se peignait sur son visage. D'autres fois, au contraire, le regard de Rodolphe devenait dur, méchant ; ses traits exprimaient tant de dédain et de cruauté, qu'on ne pouvait le croire capable de ressentir aucune émotion douce.

La suite de ce récit montrera quel ordre de faits ou d'idées excitait chez lui des passions si contraires.

Dans sa lutte avec le Chourineur, Rodolphe n'avait témoigné ni colère ni haine contre cet adversaire indigne de lui. Confiant dans sa force, dans son adresse, dans son agilité, il n'avait eu qu'un mépris railleur pour l'espèce de bête brute qu'il venait de terrasser.

Pour achever le portrait de Rodolphe, nous dirons que ses cheveux étaient châtain-clair, de la même nuance que ses sourcils noblement arqués et que sa petite moustache fine et soyeuse; son menton un peu saillant était soigneusement rasé.

Du reste, les manières et le langage qu'il affectait avec une incroyable aisance donnaient à Rodolphe une complète ressemblance avec les hôtes de l'ogresse. Son cou svelte, aussi élégamment modelé que celui du Bacchus indien, était entouré d'une cravate noire nouée négligemment, et dont les bouts retombaient sur le collet de sa blouse bleue, d'une nuance blanchâtre annonçant la vétusté. Une double rangée de clous armait ses gros souliers. Enfin, sauf ses mains d'une distinction rare, rien ne le distinguait matériellement des hôtes du tapis-franc; tandis que son air de résolution et, pour ainsi dire, d'audacieuse sérénité, mettait entre eux et lui une distance énorme.

En entrant dans le tapis-franc, le Chourineur, posant une de ses larges mains velues sur l'épaule de Rodolphe, s'écria :

— Salut au maître du Chourineur!... Oui, les amis, ce cadet-là vient de me rincer.... Avis aux amateurs qui auraient l'idée de se faire casser les reins ou crever la *sorbonne* (1), en comptant le Maître d'école qui, cette fois-ci, trouvera son maître.... J'en réponds et je le parie!

A ces mots, depuis l'ogresse jusqu'au dernier des habitués du tapis-franc, tous regardèrent le vainqueur du Chourineur avec un respect craintif.

Les uns reculèrent leurs verres et leurs brocs au bout de la table qu'ils occupaient, s'empressant de faire une place à Rodolphe;

---

(1) La tête.

dans le cas où il aurait voulu se placer à côté d'eux; d'autres s'approchèrent du Chourineur pour lui demander à voix basse quelques détails sur cet inconnu qui débutait si victorieusement dans le *monde*.

L'ogresse, enfin, avait adressé à Rodolphe l'un de ses plus gracieux sourires. Chose inouïe, exorbitante, fabuleuse dans les fastes du *Lapin-Blanc,* elle s'était levée de son comptoir pour venir prendre les ordres de Rodolphe et savoir ce qu'il fallait servir à sa *société*, attention que l'ogresse n'avait jamais eue pour le fameux Maître d'école, terrible scélérat qui faisait trembler le Chourineur lui-même.

Un des deux hommes à figure sinistre que nous avons signalés (celui qui, très-pâle, cachait sa main gauche et rabattait toujours son bonnet grec sur son front) se pencha vers l'ogresse, qui essuyait soigneusement la table de Rodolphe, et lui dit d'une voix enrouée :

— Le Maître d'école n'est pas venu aujourd'hui?

— Non — dit la mère Ponisse.

— Et hier?

— Il est venu.

— Avec sa nouvelle *largue* (1)?

— Ah çà! est-ce que tu me prends pour un *raille* (2), avec tes drogueries? Est-ce que tu crois que je vas *manger* mes pratiques *sur l'orgue* (3)? — dit l'ogresse d'une voix brutale.

— J'ai rendez-vous ce soir avec le Maître d'école — répéta le brigand — nous avons des affaires ensemble.

— Ça doit être du propre, vos affaires, tas d'*escarpes* (4) que vous êtes!

— Escarpes! — répéta le bandit d'un air irrité — c'est les escarpes qui te font vivre!

— Ah çà! vas-tu me donner la paix! — s'écria l'ogresse d'un air menaçant, en levant sur le questionneur le broc qu'elle tenait à la main.

L'homme se remit à sa place en grommelant.

Fleur-de-Marie, entrant dans la taverne de l'ogresse sur les pas du Chourineur, avait

---

(1) Sa nouvelle femme.
(2) Mouchard.
(3) Dénoncer mes pratiques.
(4) Assassins.

échangé un signe de tête amical avec l'adolescent à figure flétrie.

Le Chourineur dit à ce dernier :

— Eh ! Barbillon, tu *pitanches* donc toujours de l'*eau d'aff* (1) ?

— Toujours ! J'aime mieux faire la *tortue* et avoir des *philosophes* aux *arpions* que d'être sans *eau d'aff* dans l'*avaloir* et sans *tréfoin* dans ma *chiffarde* (2) — dit le jeune homme d'une voix cassée, sans changer de position et en lançant d'énormes bouffées de tabac.

— Bonsoir, mère Ponisse — dit la Goualeuse.

— Bonsoir, Fleur-de-Marie — répondit l'ogresse en s'approchant de la jeune fille pour inspecter les vêtements qui couvraient la malheureuse et qu'elle lui avait loués. Après cet examen, elle lui dit avec une sorte de satisfaction bourrue :

— C'est un plaisir de te louer des effets, à toi.... tu es propre comme une petite chatte...

---

(1) Tu bois donc toujours de l'eau-de-vie ?

(2) J'aime mieux jeûner et avoir des savates (des philosophes) aux pieds que d'être sans eau-de-vie dans le gosier et sans tabac dans ma pipe.

3.

aussi je n'aurais pas confié ce joli châle orange à des canailles comme la *Tourneuse* ou la *Tête-de-Mort*. Mais aussi c'est moi qui t'ai *éduquée* depuis ta sortie de prison... et il faut être juste, il n'y a pas un meilleur sujet que toi dans toute la Cité.

La Goualeuse baissa la tête et ne parut nullement fière des louanges de l'ogresse.

— Tiens! — dit Rodolphe — vous avez du buis bénit sur votre coucou, la mère?

Et il montra du doigt le saint rameau placé derrière la vieille horloge.

— Eh bien, faut-il pas vivre comme des païens! — répondit naïvement l'horrible femme.

Puis, s'adressant à Fleur-de-Marie, elle ajouta:

— Dis donc, la Goualeuse, est-ce que tu ne vas pas nous *goualer* une de tes *goualantes* (1)?

— Après souper, mère Ponisse — dit le Chourineur.

— Qu'est-ce que je vas vous servir, mon brave? — dit l'ogresse à Rodolphe, dont elle

---

(1) Est-ce que tu ne vas pas chanter une de tes chansons?

voulait se faire bienvenir et peut-être au besoin acheter le soutien.

— Demandez au Chourineur, la mère; il régale, moi je paie.

— Eh bien! — dit l'ogresse en se tournant vers le bandit — qu'est-ce que tu veux à souper, mauvais chien?

— Deux doubles *cholettes* de *tortu* à douze, un *arlequin* et trois croûtons de *lartif* bien tendre (deux litres de vin à douze sous, trois croûtons de pain très-tendre et un *arlequin*) (1) — dit le Chourineur, après avoir un moment médité sur la composition de ce *menu*.

— Je vois que tu es toujours un fameux *licheur*, et que tu as toujours une passion pour les arlequins.

— Eh bien! maintenant, la Goualeuse — dit le Chourineur — as-tu faim?

— Non, Chourineur.

— Veux-tu autre chose qu'un *arlequin*, ma fille? — dit Rodolphe.

---

(1) Un *arlequin* est un ramassis de viande, de poisson et de toutes sortes de restes provenant de la desserte de la table des domestiques des grandes maisons. Nous sommes honteux de ces détails, mais ils concourent à l'ensemble de ces mœurs étranges.

— Oh! non... ma faim a passé...

— Mais regarde donc *mon maître*.... ma fille! — dit le Chourineur en riant d'un gros rire et indiquant Rodolphe du regard. — Est-ce que tu n'oses pas le reluquer?

La Goualeuse rougit et baissa les yeux sans répondre.

Au bout de quelques moments, l'ogresse vint elle-même placer sur la table de Rodolphe un broc de vin, un pain et l'*arlequin* dont nous n'essaierons pas de donner une idée au lecteur, mais que le Chourineur sembla trouver parfaitement de son goût, car il s'écria :

— Quel plat! Dieu de Dieu!.... quel plat! c'est comme un omnibus! Il y en a pour tous les goûts, pour ceux qui font gras et pour ceux qui font maigre ; pour ceux qui aiment le sucre et ceux qui aiment le poivre.... Des pilons de volaille, des queues de poissons, des os de côtelettes, des croûtes de pâté, de la friture, du fromage, des légumes, des têtes de bécasse, du biscuit et de la salade. Mais mange donc, la Goualeuse... c'est du soigné... Est-ce que tu as nocé aujourd'hui?

— Nocé! Ah! bien oui! J'ai mangé ce matin, comme toujours, mon sou de lait et mon sou de pain....

L'entrée d'un nouveau personnage dans le cabaret interrompit toutes les conversations et fit lever toutes les têtes.

C'était un homme entre les deux âges, alerte et robuste, portant veste et casquette, parfaitement au fait des usages du tapis-franc; il employa le langage familier à ses hôtes pour demander à souper.

Quoique cet étranger ne fût pas un des habitués du tapis-franc, on ne fit bientôt plus attention à lui : il était *jugé*.

Pour reconnaître leurs pareils, les bandits, comme les honnêtes gens, ont un coup d'œil sûr.

Ce nouvel arrivant s'était placé de façon à pouvoir observer les deux individus à figure sinistre dont l'un avait demandé le Maître d'école. Il ne les quittait pas du regard; mais, par leur position, ceux-ci ne pouvaient s'apercevoir de la surveillance dont ils étaient l'objet.

Les conversations, un moment interrompues, reprirent leur cours. Malgré son audace, le Chourineur témoignait une sorte de déférence à Rodolphe ; il n'osait pas le tutoyer.

Cet homme ne respectait pas les lois, mais il respectait la force...

— Foi d'homme ! — dit-il à Rodolphe — quoique j'aie eu ma danse, je suis tout de même flatté de vous avoir rencontré.

— Parce que tu trouves l'*arlequin* de ton goût...

— D'abord... et puis parce que je grille de vous voir vous crocher avec le Maître d'école, lui qui m'a toujours rincé... le voir rincé à son tour... ça me flattera...

— Ah çà, est-ce que tu crois que pour t'amuser je vais sauter comme un bouledogue sur le Maître d'école ?

— Non, mais il sautera sur vous dès qu'il entendra dire que vous êtes plus fort que lui — répondit le Chourineur en se frottant les mains.

— J'ai encore assez de monnaie pour lui donner sa paye ! — dit nonchalamment Rodolphe ; puis il reprit : — Ah çà, il fait un temps de chien... si nous demandions un pot d'*eau d'aff* avec du sucre, ça mettrait peut-être la Goualeuse en train de chanter...

— Ça me va — dit le Chourineur.

— Et pour faire connaissance nous nous dirons qui nous sommes — ajouta Rodolphe.

— L'Albinos, dit Chourineur, *fagot affranchi* (forçat libéré), débardeur de bois flotté au quai Saint-Paul, gelé pendant l'hiver, rôti pendant l'été, voilà mon caractère — dit le convive de Rodolphe en faisant le salut militaire avec sa main gauche. — Ah çà ! — ajouta-t-il — et vous, mon maître, c'est la première fois qu'on vous voit dans la Cité.... C'est pas pour vous le reprocher, mais vous y êtes entré crânement sur mon crâne et tambour battant sur ma peau. Nom d'un nom, quel roulement !... surtout les coups de poing de la fin... J'en reviens toujours là; comme c'était *fignolé!*.... Mais vous avez un autre métier que de rincer le Chourineur ?

— Je suis peintre en éventails, et je m'appelle Rodolphe.

— Peintre en éventails ! c'est donc ça que vous avez les mains si blanches — dit le Chourineur. — C'est égal, si tous vos camarades sont comme vous, il paraît qu'il faut être pas mal fort pour faire cet état-là... Mais puisque vous êtes ouvrier, et sans doute un honnête ouvrier... pourquoi venez-vous dans un tapis-franc, où il n'y a que des *grinches*, des *escarpes* ou des *fagots affranchis* comme moi, et qui ne peuvent aller ailleurs?

— Je viens ici, parce que j'aime la bonne société.

—Hum!... hum!...— dit le Chourineur en secouant la tête d'un air de doute. — Je vous ai trouvé dans l'allée de Bras-Rouge; enfin... suffit... Vous dites que vous ne le connaissez pas?

— Est-ce que tu vas m'ennuyer encore long-temps avec ton Bras-Rouge, que l'enfer confonde,..... si ça plaît à Lucifer!...

— Tenez, mon maître, vous vous défiez peut-être de moi, et vous n'avez pas tort... Mais, si vous voulez, je vous raconterai mon histoire... à condition que vous m'apprendrez à donner les coups de poing qui ont été le bouquet de ma raclée... j'y tiens.

—J'y consens, Chourineur, tu me diras ton histoire...et la Goualeuse dira aussi la sienne.

— Ça va — reprit le Chourineur... — il fait un temps à ne pas mettre un sergent de ville dehors... ça nous amusera... Veux-tu, la Goualeuse?

— Je veux bien; mais ça ne sera pas long — dit Fleur-de-Marie...

— Et vous nous direz la vôtre, camarade Rodolphe — ajouta le Chourineur.

— Oui, je commencerai...

— Peintre d'éventails — dit la Goualeuse — c'est un bien joli métier.

— Eh! combien gagnez-vous à vous éreinter à ça? — dit le Chourineur.

— Je suis à ma tâche — répondit Rodolphe; mes bonnes journées vont à quatre francs, quelquefois à cinq, mais dans l'été, parce que les jours sont longs.

— Et vous flânez souvent, gueusard?

— Oui, tant que j'ai de l'argent; d'abord six sous pour ma nuit dans mon garni.

— Excusez, monseigneur... vous couchez à six, vous! — dit le Chourineur en portant la main à son bonnet...

Ce mot *monseigneur*, dit ironiquement

par le Chourineur, fit sourire imperceptiblement Rodolphe, qui reprit:

— Oh! je tiens à mes aises et à la propreté.

— En voilà un pair de France! un banquier! un riche! — s'écria le Chourineur — il couche à six!...

— Avec ça — continua Rodolphe — quatre sous de tabac, ça fait dix; quatre sous à déjeuner, quatorze; quinze sous à dîner; un ou deux sous d'eau-de-vie, ça me fait dans les environs de trente *ronds* (sous) par jour. Je n'ai pas besoin de travailler toute la semaine; le reste du temps je fais la noce.

— Et votre famille? — dit la Goualeuse.

— Le choléra l'a mangée — répondit Rodolphe.

— Qu'est-ce qu'ils étaient, vos parents? — demanda la Goualeuse.

— Fripiers sous les piliers des Halles, négociants en vieux chiffons.

— Et combien que vous avez vendu leur fonds? — dit le Chourineur...

— J'étais trop jeune, c'est mon tuteur qui l'a vendu; quand j'ai été *major* je lui ai redu trente francs... Voilà mon héritage.

— Et votre maître fabricant, à cette heure? — demanda le Chourineur.

— Mon *singe* (1)? Il s'appelle M. Borel, rue des Bourdonnais; bête... mais brutal... voleur.... mais avare; il aime autant se faire crever un œil que faire la paye aux ouvriers. Voilà son signalement; s'il s'égare, laissez-le se perdre, ne le ramenez pas à sa fabrique. J'ai été apprenti chez lui depuis l'âge de quinze ans; j'ai eu un bon numéro à la conscription; je demeure rue de la Juiverie, au quatrième sur le devant; je m'appelle Rodolphe Durand... Voilà mon histoire.

— Maintenant, à ton tour, la Goualeuse — dit le Chourineur; — je garde mon histoire pour la bonne bouche.

(1) Mon bourgeois, mon maître.

CHAPITRE III.

HISTOIRE DE LA GOUALEUSE.

—Commençons d'abord par le commencement — dit le Chourineur.

— Oui..., tes parents? — reprit Rodolphe.

— Je ne les connais pas — dit Fleur-de-Marie.

— Ah! bah! — fit le Chourineur.

— Ni vus, ni connus; née sous un chou, comme on dit aux enfants.

— Tiens, c'est drôle, la Goualeuse!... nous sommes de la même famille...

— Toi aussi, Chourineur?

— Orphelin du pavé de Paris, tout comme toi, ma fille.

—Et qui est-ce qui t'a élevée, la Goualeuse? — demanda Rodolphe.

— Je ne sais pas... Du plus loin qu'il m'en souvient, j'avais bien, je crois, sept à huit ans, j'étais avec une vieille borgnesse qu'on appelait la *Chouette*... parce qu'elle avait un nez crochu, un œil vert tout rond, et qu'elle ressemblait à une chouette qui aurait un œil crevé.

— Ah!... ah!... ah!... Je la vois d'ici, la Chouette! — s'écria le Chourineur en riant.

— La borgnesse — reprit Fleur-de-Marie — me faisait vendre le soir du sucre d'orge sur le Pont-Neuf, manière de demander l'aumône... Quand je n'apportais pas au moins dix sous en rentrant, la Chouette me battait au lieu de me donner à souper.

— Je comprends, ma fille — dit le Chourineur — un coup de pied en guise de pain, avec des calottes pour mettre dessus.

— Oh! mon Dieu, oui...

— Et tu es sûre que cette femme n'était pas ta mère? — demanda Rodolphe.

— J'en suis bien sûre, la Chouette me l'a assez reproché, d'être sans père ni mère; elle me disait toujours qu'elle m'avait ramassée dans la rue.

—Ainsi—reprit le Chourineur—tu avais une danse pour fricot, quand tu ne faisais pas une recette de dix sous?

— Un verre d'eau par là-dessus, et j'allais grelotter toute la nuit dans une paillasse étendue par terre et où la borgnesse avait fait un trou pour me fourrer..... Tenez, on croit comme ça que la paille est chaude; eh bien! on se trompe.

—La *plume de Beauce* (1)!—s'écria le Chourineur—tu as raison, ma fille, c'est une vraie gelée; le fumier vaudrait cent fois mieux! mais on fait sa tête, on dit : C'est canaille... ça a été porté!

Cette plaisanterie fit sourire Fleur-de-Marie, qui continua :

— Le lendemain matin la borgnesse me donnait la même ration pour déjeuner que pour souper, et je m'en allais à Montfaucon chercher des vers de terre pour amorcer le poisson; car dans le jour la Chouette tenait sa boutique de lignes à pêcher sous le pont Notre-Dame... Pour un enfant de sept ans qui

(1) La paille.

meurt de faim et de froid, il y a loin, allez... de la rue de la Mortellerie à Montfaucon.

— L'exercice t'a fait pousser droite comme un jonc, ma fille; faut pas te plaindre de ça — dit le Chourineur, battant le briquet pour allumer sa pipe.

— Enfin je revenais éreintée avec un plein panier de vers. Alors, sur le midi, la Chouette me donnait un bon morceau de pain, et je ne laissais pas la mie, je t'en réponds.

— De ne pas manger, ça t'a rendu la taille fine comme une guêpe, ma fille; faut pas te plaindre de ça — dit le Chourineur en aspirant bruyamment quelques bouffées de tabac. — Mais qu'est-ce que vous avez donc, camarade? non! je veux dire maître Rodolphe? vous avez l'air tout chose... Est-ce parce que c'te jeunesse a eu de la misère? Tiens... nous en avons tous eu, de la misère!

— Oh! je te défie bien d'avoir été aussi malheureux que moi, Chourineur — dit Fleur-de-Marie.

— Moi, la Goualeuse!... Mais figure-toi donc, ma fille, que t'étais comme une reine auprès de moi! Au moins, quand tu étais petite, tu couchais sur de la paille et tu mangeais du pain... Moi, je couchais les bonnes nuits dans les fours à plâtre de Clichy, en vrai *gouêpeur* (vagabond), et je me restaurais avec des feuilles de chou que je ramassais au coin des bornes; mais le plus souvent, comme il y avait trop loin pour aller aux fours à plâtre de Clichy, vu que la fringale me cassait les jambes, je me couchais sous les grosses pierres du Louvre... et l'hiver j'avais des draps blancs... quand il tombait de la neige.

— Tiens, un homme, c'est bien plus dur; mais une pauvre petite fille — dit Fleur-de-Marie; — avec ça j'étais grosse comme une mauviette.

— Tu te rappelles ça, toi?

— Je crois bien; quand la Chouette me battait, je tombais toujours du premier coup; alors elle se mettait à trépigner sur moi en criant : « Cette petite gueuse-là, elle n'a pas pour deux liards de force; ça ne peut pas seulement supporter deux calottes. » Et puis elle m'appelait *la Pégriotte;* j'ai pas eu d'autre nom, ça a été mon baptême.

— C'est comme moi, j'ai eu le baptême des

chiens perdus; on m'appelait *chose*..... *machine*... ou l'*Albinos*. C'est étonnant comme nous nous ressemblons, ma fille! — dit le Chourineur.

— C'est vrai — dit Fleur-de-Marie, qui s'adressait presque toujours à cet homme; ressentant malgré elle une sorte de honte en présence de Rodolphe, elle osait à peine lever les yeux, quoiqu'il parût appartenir à l'espèce de gens avec lesquels elle vivait habituellement.

— Et quand tu avais été chercher des vers pour la Chouette, qu'est-ce que tu faisais? — demanda le Chourineur.

— La borgnesse m'envoyait mendier autour d'elle jusqu'à la nuit; car le soir elle allait faire de la friture sur le Pont-Neuf. Dame! à cette heure-là, mon morceau de pain était bien loin; mais si j'avais le malheur de demander à manger à la Chouette, elle me battait en me disant : « Fais dix sous d'aumône, Pégriotte, et tu auras à souper! » Alors moi, comm j'avais bien faim, et qu'elle me faisait mal, je pleurais toutes les larmes de mon corps. La borgnesse me passait mon petit éventaire de sucre d'orge au cou, et elle me plantait sur le Pont-Neuf. Comme je sanglotais ! et que je grelottais de froid et de faim !...

— Toujours comme toi, ma fille — dit le Chourineur en interrompant la Goualeuse ; — on ne croirait pas ça... mais la faim fait grelotter autant que le froid.

— Enfin, je restais sur le Pont-Neuf jusqu'à onze heures du soir, ma boutique de sucre d'orge au cou et pleurant bien fort. De me voir pleurer... souvent ça touchait les passants, et quelquefois on me donnait jusqu'à dix, jusqu'à quinze sous, que je rendais à la Chouette.

— Fameuse soirée pour une mauviette !

— Mais, voilà-t-il pas que la borgnesse, qui voyait ça...

— D'un œil — dit le Chourineur en riant.

— D'un œil, si tu veux, puisqu'elle n'en avait qu'un ; ne voilà-t-il pas que la borgnesse prend le pli de me donner toujours des coups avant de me mettre en faction sur le Pont-Neuf, afin de me faire pleurer devant les passants et d'augmenter ainsi ma recette.

— Ça n'était pas déjà si bête !

— Oui, tu crois ça, toi, Chourineur ? J'ai fini par m'endurcir aux coups ; je voyais que

la Chouette rageait quand je ne pleurais pas;
alors, pour me venger d'elle, plus elle me faisait de mal, plus je riais; et le soir, au lieu de sangloter en vendant mes sucres d'orge, je chantais comme une alouette, quoique je n'en eusse guère envie... de chanter.

— Dis donc... des sucres d'orge... c'est ça qui devait te faire envie, ma pauvre Goualeuse!

— Oh! je crois bien, Chourineur; mais je n'en avais jamais goûté; c'était mon ambition... et c'est cette ambition-là qui m'a perdue, tu vas voir comment. Un jour, en revenant de mes vers, des gamins m'avaient battue et volé mon panier. Je rentre, je savais ce qui m'attendait; je reçois ma paye et pas de pain. Le soir, avant d'aller au pont, la borgnesse, furieuse de ce que je n'avais pas étrenné la veille, au lieu de me donner des coups comme d'habitude pour me mettre en train de pleurer, me martyrise jusqu'au sang en m'arrachant des cheveux du côté des tempes où c'est le plus sensible.

— Tonnerre! ça, c'est trop fort! — s'écria le bandit en frappant du poing sur la table et en fronçant les sourcils. — Battre un en-

HISTOIRE DE LA GOUALEUSE.

fant, bon... mais le martyriser... c'est trop fort!

Rodolphe avait attentivement écouté le récit de Fleur-de-Marie ; il regarda le Chourineur avec étonnement. Cet éclair de sensibilité le surprenait.

— Qu'as-tu donc, Chourineur ? — lui dit-il.

— Ce que j'ai ? ce que j'ai ? comment ! ça ne vous fait rien de rien, à vous ? Ce monstre de Chouette qui martyrise cette enfant ! Vous êtes donc aussi dur que vos poings ?

— Continue, ma fille — dit Rodolphe à Fleur-de-Marie, sans répondre à l'interpellation du Chourineur.

— Je vous disais donc que la Chouette me martyrisait pour me faire pleurer, moi ; ça me butte ; pour la faire endêver, je me mets à rire, et je m'en vas au pont avec mes sucres d'orge. La borgnesse était à sa poêle... De temps en temps elle me montrait le poing. Alors, au lieu de pleurer, je chantais plus fort ; avec tout ça, j'avais une faim, une faim ! Depuis six mois que je portais des sucres d'orge, je n'en avais jamais goûté un... Ma foi ! ce jour-là je n'y tiens pas... Autant par faim que pour faire enrager la Chouette, je prends un sucre d'orge, et je le mange.

— Bravo, ma fille !

— J'en mange deux.

— Bravo ! Vive la Charte !!!

— Dame ! je trouvais ça bon ; mais ne voilà-t-il pas une marchande d'oranges qui se met à crier à la borgnesse :

« Dis donc, la Chouette..., Pégriotte mange ton fonds ! »

— Oh ! tonnerre ! ça va chauffer... ça va chauffer — dit le Chourineur singulièrement intéressé. — Pauvre petit rat ! quel tremblement quand la Chouette s'est aperçue de ça, hein !

— Comment t'es-tu tirée de là, ma pauvre Goualeuse ? — dit Rodolphe aussi intéressé que le Chourineur.

— Ah dame ! ç'a été dur ; seulement ce qu'il y avait de drôle — ajouta Fleur-de-Marie en riant — c'est que la borgnesse, tout en enrageant de me voir manger ses sucres d'orge, ne pouvait pas quitter sa poêle, car sa friture était bouillante.

— Ah !... ah !... ah !... c'est vrai. En voilà

une position difficile! — s'écria le Chourineur en riant aux éclats.

Après avoir partagé l'hilarité du bandit, Fleur-de-Marie reprit :

— Ma foi! moi, en pensant aux coups qui m'attendaient, je me dis : Tant pis! je ne serai pas plus battue pour trois que pour un. Je prends un troisième bâton, et, avant de le manger, comme la Chouette me menaçait encore de loin avec sa grande fourchette de fer..., aussi vrai que voilà une assiette, je lui montre le sucre d'orge, et je le croque à son nez.

— Bravo! ma fille!... ça m'explique ton coup de ciseaux de tout à l'heure... allons... allons, je te l'ai dit, tu as de l'*atout* (du courage). Mais la Chouette a dû t'écorcher vive après ce coup-là.

— Sa friture finie, elle vient à moi... On m'avait donné trois sous d'aumône, et j'avais mangé pour six... Quand la borgnesse m'a prise par la main pour m'emmener, j'ai cru que j'allais tomber sur la place, tant j'avais peur..., je me rappelle ça comme si j'y étais..., car justement c'était dans le temps du jour de l'an. Tu sais, il y a toujours des boutiques de joujoux sur le Pont-Neuf; toute la soirée j'en avais eu des éblouissements..., rien qu'à regarder toutes ces belles poupées, tous ces beaux petits ménages... tu penses, pour un enfant...

— Et tu n'avais jamais eu de joujoux, Goualeuse? — dit le Chourineur.

— Moi! es-tu bête, va!... Qui est-ce qui m'en aurait donné? Enfin, la soirée finit; quoiqu'en plein hiver, je n'avais qu'une mauvaise guenille de robe de toile, ni bas, ni chemise, et des sabots aux pieds! il n'y avait pas de quoi étouffer, n'est-ce pas? Eh bien! quand la borgnesse m'a pris la main, je suis devenue toute en nage. Ce qui m'effrayait le plus, c'est qu'au lieu de jurer, de tempêter, la Chouette ne faisait que marronner tout le long du chemin entre ses dents... Seulement, elle ne me lâchait pas, et me faisait marcher si vite, si vite, qu'avec mes petites jambes j'étais obligée de courir pour la suivre. En courant j'avais perdu un de mes sabots; je n'osais pas le lui dire; je l'ai suivie tout de même avec un pied nu... En arrivant je l'avais tout en sang.

— La mauvaise chienne de borgnesse! — s'écria le Chourineur en frappant de nouveau sur la table avec colère; — ça me fait un drôle d'effet de penser à cette enfant qui trotte après cette vieille voleuse, avec son pauvre petit pied tout saignant...

— Nous perchions dans un grenier de la rue de la Mortellerie; à côté de la porte de l'allée, il y avait un rogomiste : la Chouette y entra en me tenant toujours par la main. Là, elle but une demi-chopine d'eau-de-vie sur le comptoir.

— Morbleu! je ne la boirais pas, moi, sans être soûl comme une grive.

— C'était la ration de la borgnesse; aussi elle se couchait toujours dans les bringues-zingues. C'est peut-être pour cela qu'elle me battait tant. Enfin, nous montons chez nous; je n'étais pas à la noce, je t'en réponds. Nous arrivons : la Chouette ferme la porte à double tour; je me jette à ses genoux en lui demandant bien pardon d'avoir mangé ses sucres d'orge. Elle ne me répond pas, et je l'entends marmotter en marchant dans la chambre : « Qu'est-ce donc que je vas lui faire ce soir, à cette Pégriotte, à cette voleuse de sucre d'orge?... voyons, qu'est-ce donc que je vas lui faire? » Et elle s'arrêtait pour me regarder en roulant son œil vert... Moi, j'étais toujours à genoux. Tout d'un coup, la borgnesse va à une planche et y prend une paire de tenailles.

— Des tenailles! — s'écria le Chourineur.

— Oui, des tenailles.

— Eh! pourquoi faire?

— Pour te frapper? — dit Rodolphe.

— Pour te pincer? — dit le Chourineur.

— Ah bien, oui!

— Pour t'arracher les cheveux?

— Vous n'y êtes pas : donnez-vous votre langue aux chiens?

— Je la donne.

— Nous la donnons.

— Eh bien! c'était pour m'arracher une dent (1)!

Le Chourineur poussa un tel blasphème, et l'accompagna d'imprécations si furieuses, que

(1) Nous prions les lecteurs qui trouveraient cette cruauté exagérée, de se rappeler les condamnations presque quotidiennes rendues contre des êtres féroces qui battent et blessent des enfants; des pères, des mères n'ont pas été étrangers à ces abominables traitements.

tous les hôtes du tapis-franc se retournèrent avec étonnement.

— Eh bien! qu'est-ce qu'il a donc? — dit la Goualeuse.

— Ce que j'ai?... mais je l'*escarperais* (1)! si je la tenais, la borgnesse!... Où est-elle? dis-le-moi; où est-elle? si je la trouve, je la *refroidis* (2)!

Et le regard du bandit s'injecta de sang.

Rodolphe avait partagé l'horreur du Chourineur pour la cruauté de la borgnesse; mais il se demandait par quel phénomène un assassin entrait en fureur en entendant raconter qu'une méchante vieille femme avait voulu, par méchanceté, arracher une dent à un enfant.

Nous croyons ce sentiment de pitié possible, même probable, chez une nature pourtant féroce.

— Et elle te l'a arrachée, ta dent, ma pauvre petite, cette vieille misérable? — demanda Rodolphe.

— Je crois bien, qu'elle me l'a arrachée!...

(1) Je l'assassinerais !
(2) Je la tue.

et pas du premier coup encore! Mon Dieu! y a-t-elle travaillé! elle me tenait la tête entre les genoux comme dans un étau. Enfin, moitié avec les tenailles, moitié avec ses doigts, elle m'a tiré cette dent, et puis elle m'a dit, pour m'effrayer, bien sûr : « Maintenant je t'en arracherai une comme ça tous les jours, Pégriotte; et quand tu n'auras plus de dents je te ficherai à l'eau : tu seras mangée par les poissons; y se revengeront sur toi de ce que tu as été chercher des vers pour les prendre. » Je me souviens de ça, parce que ça me paraissait injuste... Tiens, comme si c'était pour mon plaisir que j'allais aux vers !

— Ah! la gueuse! casser, arracher les dents à une pauvre petite enfant! — s'écria le Chourineur avec un redoublement de fureur.

— Eh bien! après? Est-ce qu'il y paraît maintenant, voyons? — dit Fleur-de-Marie.

Et elle entr'ouvrit en souriant une de ses lèvres roses en montrant deux rangées de petites dents blanches comme des perles.

Était-ce insouciance, oubli, générosité instinctive de la part de cette malheureuse créature? Rodolphe remarqua qu'il n'y eut pas dans son récit un seul mot de haine contre la femme atroce qui l'avait martyrisée.

— Eh bien! après, qu'as-tu fait? — reprit le Chourineur.

— Ma foi, j'en ai eu assez comme ça. Le lendemain, au lieu d'aller aux vers, je me suis sauvée du côté du Panthéon. J'ai marché toute la journée de ce côté-là, tant j'avais peur de la Chouette. J'aurais été au bout du monde plutôt que de retomber dans ses griffes.

Comme je me trouvais dans des quartiers perdus, je n'avais rencontré personne à qui demander l'aumône, et puis je n'aurais pas osé. Pendant la nuit, j'avais couché dans un chantier, sous des piles de bois. J'étais grosse comme un rat; en me glissant sous une vieille porte je m'étais nichée au milieu d'un tas d'écorces. La faim me dévorait : j'essayai de mâcher un peu de pelure de bois pour tromper ma fringale, mais je ne pouvais pas; je n'ai pu mordre un peu que sur l'écorce de bouleau : c'était plus tendre. Par là-dessus, je me suis endormie. Au jour, entendant du bruit, je me suis encore plus enfoncée sous la pile de bois. Il y faisait presque chaud, comme dans une cave. Si j'avais eu à manger, je n'aurais jamais mieux été de l'hiver.

— C'était comme moi dans un four à plâtre.

— Je n'osais pas sortir du chantier, je me figurais que la Chouette me cherchait partout pour m'arracher les dents et me jeter aux poissons, et qu'elle saurait bien me rattraper si je bougeais de là.

— Tiens, ne m'en parle plus de cette vieille gueuse-là, tu me fais monter le sang aux yeux!...

— Enfin, le deuxième jour, j'avais encore mâché un petit peu d'écorce de bouleau et je commençais à m'endormir, lorsque j'entends aboyer un gros chien. Ça me réveille en sursaut. J'écoute... le chien aboyait toujours en se rapprochant de la pile de bois. Voilà une autre frayeur qui me galope; heureusement le chien, je ne sais pourquoi, n'osait pas avancer...; mais tu vas rire, Chourineur.

— Avec toi, il y a toujours à rire...; tu es une brave fille tout de même. Tiens, vois-tu, maintenant, foi d'homme, je suis fâché de t'avoir battue.

— Pourquoi ne m'aurais-tu pas battue? je n'ai personne pour me défendre...

— Et moi? dit Rodolphe.

— Vous êtes bien bon, monsieur Rodolphe, mais le Chourineur ne savait pas que vous seriez là..., ni moi non plus...

— C'est égal, j'en suis pour ce que j'ai dit... je suis fâché de t'avoir battue — reprit le Chourineur.

— Continue ton histoire, mon enfant — reprit Rodolphe.

— J'étais blottie sous la pile de bois, lorsque j'entends un chien aboyer. Pendant que le chien jappait, une grosse voix se met à dire : « Mon chien aboie! il y a quelqu'un de caché dans le chantier.—C'est des voleurs, » reprend une autre voix..... Et « kiss! kiss! » les voilà à agacer leur chien en lui criant: « Pille! pille! »

Le chien accourt sur moi; j'ai peur d'être mordue, et je me mets à crier de toutes mes forces. — « Tiens! dit la voix, on dirait les cris d'un enfant... » On rappelle le chien, on va chercher une lanterne; je sors de mon trou, je me trouve en face d'un gros homme et d'un garçon en blouse. — « Qu'est-ce que tu fais dans mon chantier, petite voleuse? » me dit ce gros homme d'un air méchant. — « Mon bon monsieur, je n'ai pas mangé depuis deux jours; je me suis sauvée de chez la Chouette, qui m'a arraché une dent et voulait me jeter aux poissons; ne sachant où coucher, j'ai passé par-dessous votre porte, j'ai dormi la nuit dans vos écorces, sous vos piles de bois, ne croyant faire de mal à personne. »

Voilà-t-il pas le marchand de bois qui se met à dire à son garçon : « Je ne suis pas dupe de ça, c'est une petite voleuse, elle vient voler mes bûches. »

— Ah! le vieux panné! le vieux plâtras! — s'écria le Chourineur. — Voler ses bûches, et t'avais huit ans!

— C'était une bêtise..., car son garçon lui répondit: — « Voler vos bûches, bourgeois? et comment donc qu'elle ferait? Elle n'est pas tant si grosse que la plus petite de vos bûches. — T'as raison, dit le marchand de bois; mais si elle ne vient pas pour son compte, c'est tout de même. Les voleurs ont comme ça des enfants qu'ils envoient espionner et se cacher pour ouvrir la porte aux autres. Il faut la mener chez le commissaire. »

—Ah! la fichue bête de marchand de bois...

— On me mène chez le commissaire. Je défile mon chapelet, je m'accuse d'être vagabonde ; on m'envoie en prison; je suis citée à la correctionnelle ; condamnée, toujours comme vagabonde, à rester jusqu'à seize ans dans la maison de correction. Je remercie bien les juges de leur bonté..... Dame!...... tu penses, dans la prison... j'avais à manger; on ne me battait pas, c'était pour moi un paradis auprès du grenier de la Chouette. De plus, en prison, j'ai appris à coudre. Mais voilà le malheur! j'étais paresseuse et flâneuse; j'aimais mieux chanter que travailler, surtout quand je voyais le soleil.... Oh! quand il faisait bien beau dans la cour de la geôle, je ne pouvais pas me retenir de chanter... et alors... comme c'est drôle!... à force de chanter, il me semblait que je n'étais plus prisonnière.

— C'est-à-dire, ma fille, que tu es un vrai rossignol de naissance —dit Rodolphe en souriant.

— Vous êtes bien honnête, monsieur Rodolphe; c'est depuis ce temps-là qu'on m'a appelée la *Goualeuse* au lieu de la *Pégriotte*. Enfin j'attrape mes seize ans, je sors de prison..... Voilà qu'à la porte je trouve l'ogresse d'ici et deux ou trois vieilles femmes qui étaient quelquefois venues voir mes camarades prisonnières, et qui m'avaient toujours dit que, le jour de ma sortie, elles auraient de l'ouvrage à me donner.

— Ah! bon! bon! j'y suis — dit le Chourineur.

— « Mon dauphin, mon bel ange, ma belle petite, me dirent l'ogresse et les vieilles..... voulez-vous venir loger chez nous? nous vous donnerons de belles robes, et vous n'aurez qu'à vous amuser. »

— Tu sens bien, Chourineur, qu'on n'a pas été huit ans en prison sans savoir ce que parler veut dire. Je les envoie promener, ces vieilles embaucheuses. Je me dis : « Je sais bien coudre, j'ai trois cents francs devant moi, de la jeunesse... »

— Et de la jolie jeunesse.... ma fille! — dit le Chourineur.

— Voilà huit ans que je suis en prison, je

vas jouir un peu de la vie; ça ne fait de mal à personne, l'ouvrage viendra quand l'argent me manquera.... Et je me mets à faire danser mes trois cents francs. Ç'a été mon grand tort — ajouta Fleur-de-Marie avec un soupir — j'aurais dû, avant tout, m'assurer de l'ouvrage....; mais je n'avais personne pour me conseiller... Enfin, ce qui est fait est fait.... Je me mets donc à dépenser mon argent. D'abord j'achète des fleurs pour mettre tout plein ma chambre; j'aime tant les fleurs! et puis j'achète une robe, un beau châle, et je vais me promener au bois de Boulogne à âne, à Saint-Germain aussi à âne....

— Avec un amoureux, ma fille? — demanda le Chourineur.

— Ma foi, non! je voulais être ma maîtresse. Je faisais mes parties avec une de mes camarades de prison qui avait été aux Enfants-Trouvés, une bien bonne fille; on l'appelait *Rigolette*, parce qu'elle riait toujours.

— Rigolette, Rigolette? je ne connais pas ça — dit le Chourineur, en ayant l'air d'interroger ses souvenirs.

— Je crois bien que tu ne la connais pas!

Elle est bien honnête, Rigolette; c'est une très-bonne ouvrière ; maintenant elle gagne au moins vingt-cinq sous par jour; elle a un petit ménage à elle... Aussi jamais je n'ai osé la revoir. Enfin, à force de faire danser mon argent, il ne me restait plus que quarante-trois francs.

— Il fallait acheter un fonds de bijouterie avec ça — dit le Chourineur.

— Ma foi! j'ai mieux fait que ça....; j'avais pour blanchisseuse une femme appelée la Lorraine, la brebis du bon Dieu; elle était alors grosse à pleine ceinture, avec ça toujours les pieds et les mains dans l'eau à son bateau! Tu juges! ne pouvant plus travailler, elle avait demandé à entrer à la Bourbe; il n'y avait plus de place, on l'avait refusée, elle ne gagnait plus rien. La voilà près d'accoucher, n'ayant pas seulement de quoi payer un lit dans un garni! Heureusement elle rencontra par hasard, un soir, au coin du pont Notre-Dame, la femme à Goubin, qui se cachait depuis quatre jours dans la cave d'une maison qu'on démolissait derrière l'Hôtel-Dieu....

— Eh! pourquoi donc qu'elle se cachait dans le jour, la femme à Goubin?

— Pour se sauver de son homme, qui voulait la tuer! Elle ne sortait qu'à la nuit pour aller acheter son pain. C'est comme ça qu'elle avait rencontré la pauvre Lorraine, qui ne savait plus où donner de la tête, car elle s'attendait à accoucher d'un moment à l'autre.... Voyant ça, la femme à Goubin l'avait emmenée dans la cave où elle se cachait. C'était toujours un asile.

— Attends donc! attends donc! la femme à Goubin, c'est Helmina? — dit le Chourineur.

— Oui, une brave fille — répondit la Goualeuse... — une couturière qui avait travaillé pour moi et pour Rigolette... Dame, elle a fait ce qu'elle a pu en donnant la moitié de sa cave, de sa paille et de son pain à la Lorraine, qui est accouchée d'un pauvre petit enfant; et pas seulement une couverture, rien que de la paille!... Voyant ça, la femme à Goubin n'y tient pas; au risque de se faire assassiner par son homme qui la cherchait partout, elle sort en plein jour de sa cave et elle vient me trouver. Elle savait que j'avais encore un petit peu d'argent et que je n'étais pas méchante; justement j'allais monter en *mylord* (1) avec Rigolette; nous voulions finir mes quarante-trois francs, nous faire mener à la campagne, dans les champs..., j'aime tant les champs! les arbres....., les prés..... Mais, bah! quand Helmina me raconte le malheur de la Lorraine, je renvoie le *mylord*, je cours à ma chambre prendre ce que j'avais de linge, mon matelas, ma couverture; je fais mettre ça sur le dos d'un commissionnaire, et je trotte à la cave avec la femme à Goubin.... Ah! fallait voir comme elle était contente, la pauvre Lorraine! Nous l'avions veillée nous deux, Helmina; quand elle a pu se lever, je l'ai aidée du reste de mon argent jusqu'à ce qu'elle ait pu se remettre à son bateau. Maintenant elle gagne sa vie; mais je ne puis pas venir à bout de lui faire donner ma note de blanchissage! Je vois bien qu'elle veut s'acquitter comme ça! D'abord... si ça continue, je lui ôterai ma pratique..... — dit la Goualeuse d'un air important.

(1) Cabriolet de place à quatre roues.

— Et la femme à Goubin? — demanda le Chourineur.

— Comment! tu ne sais pas? — dit la Goualeuse.

— Non; quoi donc?

— Ah! la malheureuse!... Goubin ne l'a pas manquée! trois coups de couteau entre les deux épaules! On lui avait dit qu'elle rôdait du côté de l'Hôtel-Dieu; et un soir, comme elle sortait de sa cave pour aller chercher du lait pour la Lorraine, il l'a tuée.

— C'est donc pour ça qu'il a *une fièvre cérébrale* (1), et qu'il sera, dit-on, *fauché* (2) dans huit jours? — dit le Chourineur.

— Justement, dit la Goualeuse.

— Et quand tu as eu donné ton argent à la Lorraine, qu'as-tu fait, ma fille? — dit Rodolphe.

— Dame, alors j'ai cherché de l'ouvrage. Je savais très-bien coudre; j'avais bon courage, je n'étais pas embarrassée; j'entre dans une boutique de lingère de la rue Saint-Mar-

---

(1) Qu'il est condamné à mort.
(2) Et qu'il sera exécuté.

tin. Pour ne tromper personne, je dis que je sors de prison depuis deux mois, et que j'ai bonne envie de travailler; on me montre la porte. Je demande de l'ouvrage à emporter; on me dit que je me moque du monde en demandant qu'on me confie seulement une chemise. Comme je m'en retournais bien triste... j'ai rencontré l'ogresse et une des vieilles qui étaient toujours après moi depuis ma sortie de prison... Je ne savais plus comment vivre... Elles m'ont emmenée... Elles m'ont fait boire de l'eau-de-vie!... Et voilà!...

— Je comprends — dit le Chourineur; — je te connais maintenant comme si j'étais tes père et mère et que tu n'aurais jamais quitté mon giron. Eh bien! voilà, j'espère, une confession.

— On dirait que ça t'attriste, ma fille, d'avoir raconté ta vie — dit Rodolphe.

— Le fait est que ça me chagrine de regarder ainsi derrière moi; depuis mon enfance, c'est la première fois qu'il m'arrive de me rappeler toutes ces choses-là à la fois.... et ça n'est pas gai... n'est-ce pas, Chourineur?

— C'est ça — dit celui-ci avec ironie — tu regrettes peut-être d'avoir pas été fille de cuisine dans une gargotte, ou domestique chez de vieilles bêtes, à soigner les leurs?

— C'est égal.... ça doit être bien bon d'être honnête...... — dit Fleur-de-Marie avec un soupir.

— Honnête! oh!... c'te tête!!... — s'écria le bandit avec un bruyant éclat de rire. — Honnête!! Et pourquoi pas rosière tout de suite, pour honorer tes père et mère que tu ne connais pas?

La figure de la jeune fille avait perdu depuis quelques moments l'expression d'insouciance qui la caractérisait. Elle dit au Chourineur :

— Tiens, Chourineur, je ne suis pas pleurnicheuse... Mon père ou ma mère m'ont jetée au coin de la borne comme un petit chien qu'on a de trop; je ne leur en veux pas, ils n'avaient pas sans doute de quoi se nourrir eux-mêmes! Ça n'empêche pas, vois-tu, Chourineur, qu'il y a des sorts plus heureux que le mien.

— Toi? mais qu'est-ce donc qu'il te faut?

T'es flambante comme une Vénus; t'as pas dix-sept ans; tu chantes comme un rossignol; tu as l'air d'une vierge, on t'appelle Fleur-de-Marie, et tu te plains! Mais qu'est-ce que tu diras donc quand tu auras une chaufferette sous les *harpions* (1), et une teignasse en chinchilla, comme voilà l'ogresse?

— Oh! je ne viendrai jamais à cet âge-là.

— Peut-être que tu auras un brevet d'invention pour ne pas *bibarder* (2)!

— Non, mais je n'aurai pas la vie si dure! j'ai déjà une mauvaise toux!

— Ah! bon! je te vois d'ici dans le *mannequin du trimballeur des refroidis* (3). Es-tu bête... va!!!

— Est-ce que ça te prend souvent, ces idées-là, Goualeuse? — dit Rodolphe.

— Quelquefois... Tenez, monsieur Rodolphe, vous comprendrez peut-être ça, vous : le matin, quand je vais acheter mon sou de lait à la laitière au coin de la rue de la Vieille-Draperie, et que je la vois s'en retourner dans sa

---

(1) Pieds.
(2) Vieillir.
(3) Dans le corbillard du cocher des morts.

petite charrette avec son âne, elle me fait bien souvent envie, allez... Je me dis : Elle s'en va dans la campagne, au bon air, dans sa maison, dans sa famille;.... et moi je remonte toute seule dans le chenil de l'ogresse, où on ne voit pas clair en plein midi...

— Eh bien! sois honnête, ma fille, fais-en la farce... sois honnête! — dit le Chourineur.

— Honnête! mon Dieu! et avec quoi donc veux-tu que je sois honnête? Les habits que je porte appartiennent à l'ogresse; je lui dois pour mon garni et pour ma nourriture....; je ne puis pas bouger d'ici...elle me ferait arrêter comme voleuse.... Je lui appartiens..... Il faut que je m'acquitte.....

En prononçant ces dernières et horribles paroles, la malheureuse ne put s'empêcher de frissonner.

— Alors reste comme tu es, et ne te compare plus à une campagnarde — dit le Chourineur. — Est-ce que tu deviens folle? Mais songe donc que toi tu brilles dans la capitale, tandis que la laitière s'en va faire la bouillie à ses moutards, traire ses vaches, chercher de l'herbe pour ses lapins, et recevoir une raclée de son mari quand il sort du cabaret. En voilà une de ces destinées qui peut se vanter d'être... flatteuse!

— A boire, Chourineur — dit brusquement Fleur-de-Marie après un assez long silence; et elle tendit son verre. — Non, pas de vin, de l'eau-de-vie... c'est plus fort — dit-elle de sa voix douce, en écartant le broc de vin que le Chourineur approchait de son verre.

— De l'eau-de-vie! à la bonne heure! voilà comme je t'aime, ma fille; t'es crâne! — dit cet homme, sans comprendre le mouvement de la jeune fille et sans remarquer une larme qui vint trembler au bout des cils de la Goualeuse.

— C'est dommage que l'eau-de-vie soit si mauvaise à boire..., car ça étourdit bien... — dit Fleur-de-Marie en remettant son verre sur la table après avoir bu avec autant de répugnance que de dégoût.

Rodolphe avait écouté ce récit d'une triste naïveté avec un intérêt croissant. La misère, l'abandon, plus que ses mauvais penchants, avaient perdu cette misérable jeune fille.

CHAPITRE IV.

HISTOIRE DU CHOURINEUR.

Le lecteur n'a pas oublié que deux des hôtes du tapis-franc étaient attentivement observés par un troisième personnage récemment arrivé dans le cabaret.

L'un de ces deux hommes, on l'a dit, portait un bonnet grec, cachait toujours sa main gauche, et avait instamment demandé à l'ogresse si le Maître d'école n'était pas encore venu.

Pendant le récit de la Goualeuse, qu'ils ne pouvaient entendre, ces deux hommes s'étaient plusieurs fois parlé à voix basse, en regardant du côté de la porte avec anxiété.

Celui qui portait un bonnet grec dit à son camarade :

— Le Maître d'école n'*aboule* pas (1); pourvu que le *zig* (2) ne l'ait pas *escarpé à la capahut* (3)!

— Ça serait flambant pour nous qui avons nourri le *poupard* (4) ! — reprit l'autre.

Le nouveau venu qui observait ces deux hommes était placé trop loin d'eux pour que leurs dernières paroles arrivassent jusqu'à lui; après avoir plusieurs fois très-adroitement consulté un petit papier caché dans le fond de sa casquette, il parut satisfait de ses remarques, se leva de table, et dit à l'ogresse, qui sommeillait dans son comptoir, les pieds sur sa chaufferette, son gros chat noir sur ses genoux :

— Dis donc, mère Ponisse, je vais rentrer tout de suite; veille à mon broc et à mon assiette... car il faut se défier des francs licheurs.

— Sois tranquille, mon homme — dit la

(1) Ne vient pas.
(2) Le camarade.
(3) Ne l'ait pas assassiné pour lui voler sa part du butin.
(4) Qui avons préparé, ménagé le vol.

mère Ponisse—si ton assiette est vide et ton broc aussi, on n'y touchera pas.

L'homme se prit à rire de la plaisanterie de l'ogresse, et disparut sans que son départ fût remarqué.

Au moment où cet homme sortit, Rodolphe aperçut dans la rue le charbonnier à figure noire et à taille colossale dont nous avons parlé; avant que la porte fût refermée, Rodolphe eut le temps de manifester par un geste d'impatience combien lui était importune l'espèce de surveillance protectrice du charbonnier; mais ce dernier, en tenant compte de la contrariété de Rodolphe, ne quitta pas les abords du tapis-franc.

Malgré le verre d'eau-de-vie qu'elle avait bu, la Goualeuse ne retrouvait pas sa gaieté; sous l'influence de cet excitant, sa physionomie devenait au contraire de plus en plus triste : le dos appuyé au mur, la tête baissée sur sa poitrine, ses grands yeux bleus errant machinalement autour d'elle, la malheureuse créature semblait accablée des plus sombres pensées.

Deux ou trois fois Fleur-de-Marie, rencontrant le regard fixe de Rodolphe, avait détourné la vue ; elle ne se rendait pas compte de l'impression que lui causait cet inconnu. Gênée, oppressée par sa présence, elle se reprochait de se montrer si peu reconnaissante envers celui qui l'avait arrachée des mains du Chourineur ; elle regrettait presque d'avoir si sincèrement raconté sa vie devant Rodolphe.

Le Chourineur, au contraire, se trouvait fort en gaieté ; à lui seul il avait dévoré l'*arlequin;* le vin et l'eau-de-vie le rendaient très-communicatif ; la honte d'avoir *trouvé son maître*, comme il disait, s'était effacée devant les généreux procédés de Rodolphe, et il lui reconnaissait d'ailleurs une si grande supériorité physique, que son humiliation avait fait place à un sentiment qui tenait de l'admiration, de la crainte et du respect.

Cette absence de rancune, la sauvage franchise avec laquelle il avouait avoir tué et avoir été justement puni, l'orgueil féroce avec lequel il se défendait d'avoir jamais volé, prouvaient au moins que, malgré ses crimes, le Chourineur n'était pas un être complétement endurci.

Cette nuance n'avait pas échappé à la sagacité de Rodolphe ; il attendait curieusement le récit du Chourineur.

L'ambition de l'homme est si insatiable, si bizarre dans ses prétentions infinies, que Rodolphe désirait l'arrivée du Maître d'école, de ce brigand terrible qu'il venait presque de détrôner. Il engagea donc le Chourineur à tromper son impatience par la narration de ses aventures.

— Allons... mon garçon—lui dit-il—nous t'écoutons.

Le Chourineur vida son verre et commença ainsi :

— Toi, ma pauvre Goualeuse, t'as au moins été recueillie par la Chouette, que l'enfer confonde ! tu as eu un gîte jusqu'au moment où l'on t'a emprisonnée comme vagabonde..... Moi, je ne me rappelle pas d'avoir couché dans ce qui s'appelle un lit avant dix-neuf ans..., bel âge où je me suis fait troupier.

— Tu as servi, Chourineur? — dit Rodolphe.

— Trois ans ; mais ça viendra tout à l'heure. Les pierres du Louvre, les fours à plâtre de Clichy et les carrières de Montrouge, voilà les hôtels de ma jeunesse. Vous voyez... j'avais maison à Paris et à la campagne, rien que ça.

— Et quel métier faisais-tu ?

— Ma foi, mon maître... j'ai comme un brouillard d'avoir *gouépé* (1) dans mon enfance avec un vieux chiffonnier qui m'assommait de coups de croc. Faut que ça soit vrai, car je n'ai jamais pu rencontrer un de ces Cupidons à carquois d'osier sans avoir envie de tomber dessus : preuve qu'ils avaient dû me battre dans mon enfance. Mon premier métier a été d'aider les équarrisseurs à égorger les chevaux à Montfaucon.... J'avais dix ou douze ans. Quand j'ai commencé à chouriner ces pauvres vieilles bêtes, ça me faisait une espèce d'effet; au bout d'un mois, je n'y pensais plus; au contraire, je prenais goût à mon état. Il n'y avait personne pour avoir des couteaux affilés et aiguisés comme les miens.... Ça donnait envie de s'en servir, quoi !... Quand j'avais égorgé mes bêtes, on me jetait pour ma peine un morceau de la culotte d'un cheval mort de maladie, car

(1) Vagabondé.

ceux qu'on abattait se vendaient aux fricoteurs du quartier de l'École-de-Médecine, qui en faisaient du bœuf, du mouton, du veau, du gibier, au goût des personnes... Ah! mais c'est que, lorsque j'avais attrapé mon lopin de chair de cheval, le roi n'était pas mon maître, au moins! Je m'ensauvais avec ça dans mon four à plâtre, comme un loup dans sa tanière; et là, avec la permission des chaufourniers, je faisais sur les charbons une grillade soignée. Quand les chaufourniers ne travaillaient pas, j'allais ramasser du bois sec à Romainville, je battais le briquet, et je faisais mon rôti au coin d'un des murs du charnier. Dame! c'était saignant et presque cru : mais de cette manière-là, je ne mangeais pas toujours la même chose.

— Et ton nom? comment t'appelait-on? — dit Rodolphe.

— J'avais les cheveux encore plus couleur de filasse que maintenant, le sang me portait toujours aux yeux; eu égard à ça, on m'appelait l'*Albinos*. — Les Albinos sont les lapins blancs des hommes, et ils ont les yeux rouges — ajouta gravement le Chourineur, en manière de parenthèse physiologique.

— Et tes parents, ta famille?

— Mes parents? logés au même numéro que ceux de la Goualeuse... Lieu de ma naissance? le premier coin de n'importe quelle rue, la borne à gauche ou à droite, en descendant ou en remontant vers le ruisseau.

— Tu as maudit ton père et ta mère de t'avoir abandonné?

— Ça m'aurait fait une belle jambe!... Mais c'est égal, ils m'ont joué une mauvaise farce en me mettant au monde... Je ne m'en plaindrais pas, si encore ils m'avaient fait comme le *Meg des megs* (1) devrait faire les gueux, c'est-à-dire sans froid, ni faim, ni soif; ça ne lui coûterait rien, et ça ne coûterait pas tant aux gueux d'être honnêtes.

— Tu as eu faim, tu as eu froid, et tu n'as pas volé, Chourineur?

— Non! et pourtant j'ai eu bien de la misère, allez... J'ai *fait la tortue* (2) quelquefois

---

(1) Dieu. N'est-il pas étrange et significatif que le nom de Dieu se trouve jusque dans cette langue corrompue.
(2) J'ai jeûné.

pendant deux jours, et plus souvent qu'à mon tour... Eh bien! je n'ai pas volé.

— Par peur de la prison?

— Oh! c'te farce! — dit le Chourineur en haussant les épaules et riant aux éclats. — J'aurais donc pas volé du pain *par peur d'avoir du pain?*... Honnête, je crevais de faim; voleur, on m'aurait nourri en prison!... Non, je n'ai pas volé parce que..... parce que..... enfin parce que ça n'est pas dans mon idée de voler.

Cette réponse véritablement belle, et dont le Chourineur ne comprit pas la portée, étonna profondément Rodolphe.

Il sentit que le pauvre qui restait honnête au milieu des plus cruelles privations était doublement respectable, puisque la punition du crime pouvait devenir pour lui une ressource assurée.

Rodolphe tendit la main à ce malheureux sauvage de la civilisation, que la misère n'avait pas absolument perdu.

Le Chourineur regarda son amphitryon avec étonnement, presque avec respect; à peine il osa toucher la main qu'on lui offrait. Il pressentit qu'entre lui et Rodolphe il y avait un abîme.

— Bien, bien! — lui dit Rodolphe — tu as encore du cœur et de l'honneur...

— Ma foi! je n'en sais rien — dit le Chourineur tout ému; — mais ce que vous me dites là... voyez-vous..... jamais je n'avais rien senti de pareil..... Ce qu'il y a de sûr, c'est que ça... et les coups de poing de la fin de ma raclée... qui étaient si bien festonnés, et qui auraient pu ne finir que demain, tandis qu'au contraire vous me payez à souper... et vous me dites des choses... Enfin suffit, c'est à la vie et à la mort, vous pouvez compter sur le Chourineur.

Rodolphe reprit plus froidement, ne voulant pas laisser deviner l'émotion qu'il ressentait :

— Es-tu resté long-temps aide-équarrisseur?

— Je crois bien... D'abord ça avait commencé par m'écœurer d'égorger ces pauvres vieilles bêtes... après, ça m'avait amusé ; mais quand j'ai eu dans les environs de seize ans et que ma voix a mué, est-ce que ça n'est pas devenu pour moi une rage, une passion que de chouriner? J'en perdais le boire et le manger... je ne pensais qu'à ça!... Il fallait me voir au milieu de l'*ouvrage* : à part un vieux pantalon de toile, j'étais tout nu. Quand, mon grand couteau bien aiguisé à la main, j'avais autour de moi (je ne me vante pas) jusqu'à quinze et vingt chevaux qui faisaient queue pour attendre leur tour, tonnerre!! quand je me mettais à les égorger, je ne sais pas ce qui me prenait... c'était comme une furie; les oreilles me bourdonnaient! je voyais rouge, tout rouge, et je chourinais..... et je chourinais..... et je chourinais jusqu'à ce que le couteau me fût tombé des mains! Tonnerre!! c'était une jouissance! J'aurais été millionnaire que j'aurais payé pour faire ce métier-là.

— C'est ce qui t'aura donné l'habitude de chouriner — dit Rodolphe.

— Ça se peut bien ; mais quand j'ai eu seize ans, cette rage-là a fini par devenir si forte, qu'une fois en train de chouriner, je devenais comme fou , et je gâtais l'ouvrage... Oui, j'abîmais les peaux à force d'y donner des coups de couteau à tort et à travers. Finalement, on m'a mis à la porte du charnier. J'ai voulu m'employer chez les bouchers : j'ai toujours eu du goût pour cet état-là... Ah bien oui! ils ont fait les fiers! ils m'ont méprisé comme des bottiers mépriseraient des savetiers. Voyant ça, et d'ailleurs ma rage de chouriner s'étant passée avec mes seize ans, j'ai cherché mon pain ailleurs..... et je ne l'ai pas trouvé tout de suite; alors souvent j'ai *fait la tortue*. Enfin, j'ai travaillé dans les carrières de Montrouge. Mais au bout de deux ans ça m'a scié de faire toujours l'écureuil dans les grandes roues pour tirer la pierre, moyennant vingt sous par jour. J'étais grand et fort, je me suis engagé dans un régiment. On m'a demandé mon nom, mon âge et mes papiers. Mon nom? l'Albinos; mon âge? voyez ma barbe; mes papiers? voilà le certificat de mon maître carrier. Je pouvais faire un grenadier soigné, on m'a enrôlé.

— Avec ta force, ton courage et ta manie de chouriner, s'il y avait eu la guerre dans ce temps-là, tu serais peut-être devenu officier.

— Tonnerre! à qui le dites-vous. Chouriner des Anglais ou des Prussiens, ça m'aurait bien autrement flatté que de chouriner des rosses..... Mais, voilà le malheur, il n'y avait pas de guerre, et il y avait la discipline... Un apprenti essaie de communiquer une raclée à son bourgeois, c'est bien : s'il est le plus faible, il la reçoit; s'il est le plus fort, il la donne; on le met à la porte, quelquefois au violon, il n'en est que ça. Dans le militaire, c'est autre chose. Un jour mon sergent me bouscule pour me faire obéir plus vite; il avait raison, car je faisais le clampin; ça m'embête, je regimbe; il me pousse, je le pousse; il me prend au collet, je lui envoie un coup de poing. On tombe sur moi; alors la rage me prend, le sang me monte aux yeux, j'y vois rouge... j'avais mon couteau à la main, j'étais de cuisine, et allez donc'... Je me mets à chouriner... à chouriner... comme à l'abattoir... J'*entaille* (1) le sergent, je blesse deux soldats!... une vraie boucherie!... onze coups de couteau à eux trois... oui, onze!... du sang... du sang comme dans un charnier!.....

(1) Je tue.

Le brigand baissa la tête d'un air sombre, hagard, et resta un moment silencieux.

— A quoi penses-tu, Chourineur? — dit Rodolphe, l'observant avec intérêt.

— A rien, à rien — reprit-il brusquement. Puis il reprit avec sa brutale insouciance :

— Enfin on m'empoigne, on me *met sur la planche au pain, et j'ai une fièvre cérébrale* (1).

— Tu t'es donc sauvé?

— Non; mais *j'ai été quinze ans au pré* au lieu d'*être fauché* (2). J'ai oublié de vous dire qu'au régiment j'avais repêché deux camarades qui se noyaient dans la Marne; nous étions en garnison à Melun. Une autre fois... vous allez rire et dire que je suis un amphibie au feu et à l'eau, sauveur pour hommes et pour femmes! une autre fois, étant en garnison à Rouen, toutes maisons de bois, de vraies cassines, le feu prend à un quartier : ça brûlait comme des allumettes; je suis de corvée pour l'incendie; nous arrivons au feu; on me crie qu'il y a une vieille femme qui

---

(1) On me met en jugement, et je suis condamné à mort.
(2) Aux galères au lieu d'avoir été exécuté.

HISTOIRE DU CHOURINEUR.

ne peut pas descendre de sa chambre qui commençait à chauffer : j'y cours. Tonnerre ! oui, ça chauffait..... car ça me rappelait mes fours à plâtre dans les bons jours ; finalement, je sauve la vieille... Mon *rat de prison* (1) s'est tant tortillé des quatre pattes et de la langue, qu'il a fait changer ma peine; au lieu d'aller à l'*abbaye de Monte-à-regret* (2), j'en ai eu pour quinze années de *pré.....* Quand j'ai vu que je ne serais pas tué, mon premier mouvement a été de sauter sur mon *bavard* pour l'étrangler! Vous comprenez ça, mon maître?

— Tu regrettais de voir ta peine commuée?

— Oui... à ceux qui jouent du couteau... le couteau de *Charlot* (3), c'est juste; à ceux qui volent, des fers aux pattes!! Chacun son lot... mais vous forcer à vivre quand on a assassiné! tenez!... les *curieux* (4) ne savent pas la chose que ça vous fait dans les premiers temps.

— Tu as donc eu des remords..... Chourineur?

(1) Avocat.
(2) A l'échafaud.
(3) Le bourreau.
(4) Les juges.

— Des remords? Non, puisque j'ai fait mon temps — dit le sauvage; — mais autrefois il ne se passait presque pas de nuit où je ne visse, en manière de cauchemar, le sergent et les soldats que j'ai *chourinés*, c'est-à-dire... ils n'étaient pas seuls — ajouta le brigand avec une sorte de terreur; — ils étaient des dizaines, des centaines, des milliers à attendre leur tour dans une espèce d'abattoir... comme les chevaux que j'égorgeais à Montfaucon attendaient leur tour aussi... Alors je voyais rouge, et je commençais à chouriner... à chouriner... sur ces hommes, comme autrefois sur les chevaux... Mais plus je chourinais de soldats, plus il en revenait... Et en mourant ils me regardaient d'un air si doux... si doux... que je me maudissais de les tuer... mais je ne pouvais pas m'en empêcher... Ce n'était pas tout... je n'ai jamais eu de frère... et il se faisait que tous ces gens que j'égorgeais étaient mes frères... et des frères pour qui je me serais mis au feu... A la fin, quand je n'en pouvais plus, je m'éveillais tout trempé d'une sueur aussi froide que de la neige fondue...

— C'était un vilain rêve, Chourineur!

—Oh! oui, allez... Eh bien! dans les premiers temps que j'étais au *pré*, toutes les nuits je l'avais... ce rêve-là... Voyez-vous... c'était à en devenir fou ou enragé... Aussi deux fois j'ai essayé de me tuer, une fois en avalant du vert-de-gris, l'autre fois en voulant m'étrangler avec une chaîne; mais je suis fort comme un taureau. Le vert-de-gris m'a donné soif, voilà tout... Quant au tour de chaîne que je m'étais passé au cou, ça m'a fait une cravate bleue naturelle. Après cela l'habitude de vivre a repris le dessus, mes cauchemars sont devenus plus rares, et j'ai fait comme les autres.

— Tu étais à bonne école pour apprendre à voler.

— Oui, mais le goût n'y était pas... Les autres *fagots* (1) me blaguaient là-dessus, mais je les assommais à coups de chaîne. C'est comme ça que j'ai connu le Maître d'école... Mais pour celui-là... respect aux poignets! il m'a donné ma paye comme vous me l'avez donnée tout à l'heure.

— C'est donc un forçat libéré?

(1) Forçats.

— C'est-à-dire, il était *fagot à perte de vue* (1), mais il s'est libéré lui-même.

— Il est évadé? On ne le dénonce pas?

— Ça n'est pas moi qui le dénoncerais, toujours; j'aurais l'air de le craindre.

— Comment la police ne le découvre-t-elle pas? Est-ce qu'on n'a pas son signalement?

— Son signalement?... Ah bien, oui! Il y a long-temps qu'il a effacé de sa frimousse celui que le *Meg des megs* (2) y avait mis. Maintenant il n'y a que *le boulanger qui met les âmes au four* (3) qui pourrait le reconnaître, le Maître d'école.

— De quelle manière s'y est-il pris?

— Il a commencé par se rogner le nez qu'il avait long d'une aune; par là-dessus, il s'est débarbouillé avec du vitriol.

— Tu plaisantes?

— S'il vient ce soir, vous le verrez; il avait un grand nez de perroquet, maintenant il est aussi camard... que la *carline* (4), sans comp-

(1) Forçat à perpétuité.
(2) Dieu.
(3) Le diable.
(4) La mort.

ter qu'il a des lèvres grosses comme le poing, et un visage olive aussi couturé que la veste d'un chiffonnier.

— Il est à ce point méconnaissable?

— Depuis six mois qu'il s'est échappé de Rochefort, les *railles* (1) l'ont cent fois rencontré sans le reconnaître.

— Pourquoi était-il au bagne?

— Pour avoir été faussaire, voleur et assassin. On l'appelle le Maître d'école, parce qu'il a une écriture superbe et qu'il est très-savant.

— Et il est redouté ?

— Il ne le sera plus quand vous l'aurez rincé comme vous m'avez rincé. Et, tonnerre!!! je serais curieux de voir ça.

— Que fait-il pour vivre?

— On dit qu'il s'est vanté d'avoir tué et dévalisé, il y a trois semaines, un marchand de bœufs sur la route de Poissy.

— On l'arrêtera tôt ou tard.

— Il faudra qu'on soit plus de *deux* pour ça, car il porte toujours sous sa blouse deux pistolets chargés et un poignard ; Charlot l'attend, il ne sera *fauché* qu'une fois. Il tuera tout

(1) Mouchards.

ce qu'il pourra tuer pour s'échapper. Oh ! il ne s'en cache pas ; et comme il est deux fois fort comme vous et moi, on aura du mal à l'abattre.

— Et en sortant du bagne, qu'as-tu fait, Chourineur ?

— J'ai été me proposer au maître débardeur du quai Saint-Paul, et j'y gagne ma vie.

— Mais, puisque après tout tu n'es pas *grinche* (1), pourquoi vis-tu dans la Cité ?

— Et où voulez-vous que je vive? Qui est-ce qui voudrait fréquenter un repris de justice? Et puis je m'ennuie tout seul, moi ; j'aime la société, et ici je vis avec mes pareils. Je me cogne quelquefois... On me craint comme le feu dans la Cité, et le *quart-d'œil* (2) n'a rien à me dire, sauf pour les batteries, qui me valent quelquefois vingt-quatre heures de violon.

— Et qu'est-ce que tu gagnes par jour ?

— Trente-cinq sous. — Ça durera tant que j'aurai des bras ; quand je n'en aurai plus, je prendrai un crochet et un carquois d'osier,

(1) Voleur.
(2) Le commissaire.

comme le vieux chiffonnier que je vois dans les brouillards de mon enfance.

— Avec tout ça, tu n'es pas malheureux !

— Il y en a de pires que moi, bien sûr; sans mes rêves du sergent et des soldats égorgés, rêves que j'ai encore souvent, je pourrais tranquillement crever comme un autre au coin d'une borne ou à l'hôpital; mais ce rêve... Tenez... nom de nom ! je n'aime pas à penser à ça — dit le Chourineur.

Et il vida sur un coin de la table le fourneau de sa pipe.

La Goualeuse avait écouté le Chourineur avec distraction, elle semblait absorbée dans une rêverie douloureuse.

Rodolphe, lui-même, restait pensif.

Les deux récits qu'il venait d'entendre éveillaient en lui des idées nouvelles.

Un incident tragique vint rappeler à ces trois personnages dans quel lieu ils se trouvaient.

CHAPITRE V.

L'ARRESTATION.

L'homme qui était sorti un moment, après avoir recommandé à l'ogresse son broc et son assiette, revint bientôt accompagné d'un autre personnage à larges épaules, à figure énergique.

Il lui dit :

— Voilà un hasard de se rencontrer comme ça, Borel ! Entre donc, nous boirons un verre de vin.

Le Chourineur dit tout bas à Rodolphe et à la Goualeuse, en leur montrant le nouveau venu :

— Il va y avoir de la *grêle*... c'est un *raille* (1). Attention !

(1) Mouchard.

Les deux bandits, dont l'un, coiffé d'un bonnet grec enfoncé jusque sur ses sourcils, avait demandé plusieurs fois le Maître d'école, échangèrent un coup d'œil rapide, se levèrent simultanément de table et se dirigèrent vers la porte ; mais les deux agents se jetèrent sur eux en poussant un cri particulier.

Une lutte terrible s'engagea.

La porte de la taverne s'ouvrit ; d'autres agents se précipitèrent dans la salle, et l'on vit briller au dehors les fusils des gendarmes.

Profitant du tumulte, le charbonnier dont nous avons parlé s'avança jusqu'au seuil du tapis-franc, et, rencontrant par hasard le regard de Rodolphe, il porta à ses lèvres l'index de sa main droite.

Rodolphe, d'un geste aussi rapide qu'impérieux, lui ordonna de s'éloigner ; puis il continua d'observer ce qui se passait dans la taverne.

L'homme au bonnet grec poussait des hurlements de rage ; à demi étendu sur la table, il faisait des soubresauts si désespérés que trois hommes le contenaient à peine.

Anéanti, morne, la figure livide, les lèvres blanches, la mâchoire inférieure tombante et convulsivement agitée, son compagnon ne fit aucune résistance, il tendit de lui-même ses mains aux menottes.

L'ogresse, assise dans son comptoir et habituée à de pareilles scènes, restait impassible, les mains dans les poches de son tablier.

— Qu'est-ce qu'ils ont donc fait ces deux hommes, mon bon monsieur Borel? — demanda-t-elle à un des agents qu'elle connaissait.

— Ils ont assassiné hier une vieille femme dans la rue Saint-Christophe, pour dévaliser sa chambre. Avant de mourir, la malheureuse a dit qu'elle avait mordu l'un des meurtriers à la main. On avait l'œil sur ces deux scélérats; mon camarade est venu tout à l'heure s'assurer de leur identité, et les voilà pincés.

— Heureusement qu'ils m'ont payé d'avance leur chopine — dit l'ogresse. — Vous ne voulez rien prendre, monsieur Borel? un verre de parfait amour, de consolation?

— Merci, mère Ponisse; il faut que j'enfourne ces brigands-là. En voilà un qui regimbe encore!...

En effet, l'assassin au bonnet grec se débattait avec rage. Lorsqu'il s'agit de le mettre dans un fiacre qui attendait dans la rue, il se défendit tellement qu'il fallut le porter.

Son complice, saisi d'un tremblement nerveux, pouvait à peine se soutenir : ses lèvres violettes remuaient comme s'il eût parlé... On jeta cette masse inerte dans la voiture.

— Ah çà, mère Ponisse — dit l'agent — défiez-vous de *Bras-Rouge;* il est malin, il pourrait vous compromettre.

— Bras-Rouge! il y a des semaines qu'on ne l'a vu dans le quartier, monsieur Borel.

— C'est toujours quand il est quelque part... qu'on ne l'y voit pas, vous savez bien ça... Mais n'acceptez de lui en garde ou en consignation aucun paquet, aucun ballot; ce serait du recel...

— Soyez tranquille, monsieur Borel, j'ai aussi peur de Bras-Rouge que du diable. On ne sait jamais où il va et d'où il vient. La dernière fois que je l'ai vu, il m'a dit qu'il arrivait d'Allemagne.

— Enfin, je vous préviens.... faites-y attention.

Avant de quitter le tapis-franc, l'agent regarda attentivement les autres buveurs, et il dit au Chourineur, d'un ton presque affectueux :

— Te voilà, mauvais sujet? Il y a longtemps qu'on n'a entendu parler de toi! Tu n'as pas eu de batteries? Tu deviens donc sage?

— Sage comme une image, monsieur Borel; vous savez que je ne casse guère la tête qu'à ceux qui me le demandent.

— Il ne te manquerait plus que cela, de provoquer les autres, fort comme tu es!

— Voilà pourtant mon maître, monsieur Borel—dit le Chourineur en mettant la main sur l'épaule de Rodolphe.

— Tiens! je ne le connais pas, celui-là — dit l'agent en examinant Rodolphe.

— Et nous ne ferons pas connaissance, mon camarade — répondit celui-ci.

— Je le désire pour vous, mon garçon — dit l'agent. Puis, s'adressant à l'ogresse : — Bonsoir, mère Ponisse : c'est une vraie souricière que votre tapis-franc, voilà le troisième assassin que j'y prends.

— Et j'espère bien que ce ne sera pas le dernier, monsieur Borel; c'est bien à votre service.... — dit gracieusement l'ogresse en s'inclinant avec déférence.

Après le départ de l'agent de police, le jeune homme à figure plombée, qui fumait en buvant de l'eau-de-vie, rechargea sa pipe et dit, d'une voix enrouée, au Chourineur :

— Est-ce que tu n'as pas reconnu le bonnet grec? C'est l'homme à la Boulotte, c'est Vélu. Quand j'ai vu entrer les agents, j'ai dit : — Il y a quelque chose; avec ça que Vélu cachait toujours sa main gauche sous la table.

— C'est tout de même heureux pour le Maître d'école qu'il ne se soit pas trouvé là — reprit l'ogresse.— Le bonnet grec l'a demandé deux fois pour des affaires qu'ils ont ensemble..... Mais je ne *mangerai* jamais mes pratiques. Qu'on les arrête, bon.... chacun son métier... mais je ne les **vends** pas... Tiens!

quand on parle du loup on en voit la queue
— ajouta l'ogresse au moment où un homme
et une femme entraient dans le cabaret; —
voilà justement le Maître d'école et sa *largue*
(sa femme).

Une sorte de frémissement de terreur courut parmi les hôtes du tapis-franc.

Rodolphe lui-même, malgré son intrépidité naturelle, ne put vaincre une légère émotion à la vue de ce redoutable brigand, qu'il contempla pendant quelques instants avec une curiosité mêlée d'horreur.

Le Chourineur avait dit vrai, le Maître d'école s'était affreusement mutilé.

On ne pouvait voir quelque chose de plus épouvantable que le visage de ce brigand. Sa figure était sillonnée en tous sens de cicatrices profondes, livides; l'action corrosive du vitriol avait boursouflé ses lèvres; les cartilages du nez ayant été coupés, deux trous difformes remplaçaient les narines. Ses yeux gris, très-clairs, très-petits, très-ronds, étincelaient de férocité; son front, aplati comme celui d'un tigre, disparaissait à demi sous une

casquette de fourrure à longs poils fauves..,
on eût dit la crinière du monstre.

Le Maître d'école n'avait guère plus de cinq pieds deux ou trois pouces ; sa tête, démesurément grosse, était enfoncée entre ses deux épaules larges, élevées, puissantes, charnues, qui se dessinaient même sous les plis flottants de sa blouse de toile écrue ; il avait les bras longs, musculeux ; les mains courtes, grosses et velues jusqu'à l'extrémité des doigts ; ses jambes étaient un peu arquées, mais leurs mollets énormes annonçaient une force athlétique.

Cet homme offrait, en un mot, l'exagération de ce qu'il y a de court, de trapu, de ramassé dans le type de l'Hercule Farnèse.

Quant à l'expression de férocité qui éclatait sur ce masque affreux, quant à ce regard inquiet, mobile, ardent comme celui d'une bête sauvage, il faut renoncer à les peindre.

La femme qui accompagnait le Maître d'école était vieille, assez proprement vêtue d'une robe brune, d'un tartan à carreaux rouges et noirs, et d'un bonnet blanc.

Rodolphe la voyait de profil ; son œil vert

et rond, son nez crochu, ses lèvres minces, son menton saillant, sa physionomie à la fois méchante et rusée, lui rappelèrent la Chouette.

Il allait faire part de cette observation à la Goualeuse, lorsqu'en levant les yeux sur la jeune fille il la vit pâlir; elle regardait avec une terreur muette la hideuse compagne du Maître d'école; enfin, saisissant le bras de Rodolphe d'une main tremblante, Fleur-de-Marie lui dit à voix basse :

— La Chouette! mon Dieu!... la Chouette... la borgnesse!

A ce moment le Maître d'école, échangeant quelques paroles à voix basse avec un des habitués du tapis-franc, s'avança lentement vers la table où s'attablaient Rodolphe, la Goualeuse et le Chourineur.

Alors, s'adressant à Fleur-de-Marie, d'une voix rauque et creuse comme le rugissement d'un tigre :

— Eh! dis donc, la belle blonde, tu vas quitter ces deux *muffles* et t'en venir avec moi....

La Goualeuse ne répondit rien, se serra

contre Rodolphe; ses dents se choquaient d'effroi.

— Et moi.... je ne serai pas jalouse — dit l'horrible Chouette en riant aux éclats.

Elle ne reconnaissait pas encore dans la Goualeuse la Pégriotte, sa victime.

— Ah çà, petite, est-ce que tu ne m'entends pas? — dit le monstre en s'avançant. — Si tu ne viens pas, je t'éborgne pour faire le pendant de la Chouette; et toi, l'homme à moustaches... (il s'adressait à Rodolphe), si tu ne me jettes pas cette blonde par-dessus la table... je te crève...

— Mon Dieu, mon Dieu! défendez-moi! — s'écria la Goualeuse à Rodolphe, en joignant les mains. Puis, réfléchissant qu'elle allait l'exposer peut-être à un grand danger, elle reprit à voix basse : — Non, non, ne bougez pas, monsieur Rodolphe; s'il approche, je crierai au secours, et, de peur d'un esclandre qui attirerait la police, l'ogresse prendra mon parti...

— Sois tranquille, ma fille — dit Rodolphe en regardant intrépidement le Maître d'école. — Tu es à côté de moi, tu n'en bougeras pas;

et comme ce hideux animal te fait mal au cœur et à moi aussi, je vais le porter dans la rue....

— Toi?... — dit le Maître d'école.

— Moi!... — reprit Rodolphe.

Et, malgré les efforts de la Goualeuse, il se leva de table.

Le Maître d'école recula d'un pas au terrible aspect de la physionomie de Rodolphe.

Fleur-de-Marie et le Chourineur furent aussi frappés de l'expression de méchanceté, de rage diabolique qui, en ce moment, contracta la noble figure de leur compagnon; il devint méconnaissable. Dans sa lutte contre le Chourineur, il s'était montré dédaigneux et railleur; mais face à face avec le Maître d'école, il semblait possédé d'une haine féroce : ses pupilles, dilatées par la fureur, luisaient d'un éclat étrange.

Certains regards ont une puissance magnétique irrésistible; quelques duellistes célèbres doivent, dit-on, leurs sanglants triomphes à cette action fascinatrice de leur regard, qui démoralise, qui atterre leurs adversaires.

Rodolphe était doué de cet effrayant coup d'œil fixe, perçant, qui épouvante, et que ceux qu'il obsède ne peuvent éviter.... Ce regard les trouble, les domine ; ils le ressentent presque physiquement, et, malgré eux, ils le recherchent... ils ne peuvent en détacher leur vue.

Le Maître d'école tressaillit, recula encore d'un pas, et, ne se fiant plus à sa force prodigieuse, il chercha sous sa blouse le manche de son poignard.

Un meurtre eût peut-être ensanglanté le tapis-franc si la Chouette, saisissant le Maître d'école par le bras, ne se fût écriée :

— Minute.... minute.... *fourline* (1), laisse-moi dire un mot..... tu mangeras ces deux mufles tout à l'heure, ils ne t'échapperont pas.....

Le Maître d'école regarda la borgnesse avec étonnement.

Depuis quelques minutes la Chouette observait Fleur-de-Marie avec une attention croissante, cherchant à rassembler ses souvenirs.

---

(1) Diminution de *fourloureur*, assassin.

Enfin elle ne conserva plus le moindre doute : elle reconnut la Goualeuse.

— Est-il bien possible ! — s'écria la borgnesse en joignant les mains avec étonnement — c'est la Pégriotte, la voleuse de sucre d'orge. Mais d'où donc que tu sors ? c'est donc le *boulanger* (1) qui t'envoie ? — ajouta-t-elle en montrant le poing à la jeune fille. — Tu retomberas donc toujours sous ma griffe ? Sois tranquille, si je ne t'arrache plus de dents, je t'arracherai toutes les larmes de ton corps. Ah! vas-tu *rager!* Tu ne sais donc pas ? je connais tes parents.... Le Maître d'école a vu au *pré* l'homme qui t'avait donnée à moi quand tu étais toute petite.... Il lui a dit le nom de ta mère.... C'est des *daims huppés* (2), tes parents...

— Mes parents! vous les connaissez ?... — s'écria Fleur-de-Marie.

— Oui, mon homme sait le nom de ta mère... mais je lui arracherais plutôt la langue que de le laisser te le dire... Il a encore vu hier celui qui t'a amenée dans mon chenil, parce qu'on ne payait plus sa femme qui t'avait

(1) Le diable.
(2) Des gens riches.

nourrie..... car elle ne tenait guère à toi, ta mère; elle aurait autant aimé te savoir crevée, bien sûr... Mais c'est égal, si tu savais son nom maintenant, tu pourrais joliment la rançonner, ma petite bâtarde... L'homme que je te dis a des papiers... oui, Pégriotte, il a des lettres de ta mère... et s'il ne s'en sert pas, c'est qu'il a des raisons pour ça... Hein! tu rages... tu pleures, Pégriotte... Eh bien, non !... Tu ne la connaîtras pas, ta mère... Tu ne la connaîtras pas!

— J'aime autant qu'elle me croie morte... — dit Fleur-de-Marie en essuyant ses yeux.

Rodolphe, oubliant le Maître d'école, avait attentivement écouté la Chouette, dont le récit l'intéressait.

Pendant ce temps, le brigand n'étant plus sous l'influence du regard de Rodolphe avait repris courage; il ne pouvait croire que ce jeune homme, de taille moyenne et svelte, fût en état de se mesurer avec lui; sûr de sa force herculéenne, il s'approcha du défenseur de la Goualeuse, et dit à la Chouette avec autorité :

— Assez bavardé comme ça... Je veux dévisager ce beau muffle-là et lui défoncer la frimousse..... pour que la belle blonde me trouve plus gentil que lui.

D'un bond Rodolphe sauta par-dessus la table.

— Prenez garde à mes assiettes! — répéta l'ogresse.

Et le Maître d'école se mit en défense, les deux mains en avant, le haut du corps en arrière, bien campé sur ses robustes reins, et pour ainsi dire arc-bouté sur une de ses jambes énormes... qui ressemblait à un balustre de pierre.

Au moment où Rodolphe s'élançait sur lui, la porte du tapis-franc s'ouvrit violemment; le charbonnier dont nous avons parlé, et qui avait presque six pieds de haut, se précipita dans la salle, écarta rudement le Maître d'école, s'approcha de Rodolphe, et lui dit en anglais à l'oreille :

— Monseigneur, Tom et Sarah..... Ils sont au bout de la rue.

A ces mots mystérieux, Rodolphe fit un mouvement de colère, jeta un louis sur le comptoir de l'ogresse et courut vers la porte.

Le Maître d'école tenta de s'opposer au passage de Rodolphe ; mais celui-ci se retournant lui détacha au milieu du visage deux coups de poing si rudement assénés, que le taureau chancela tout étourdi et tomba pesamment à demi renversé sur une table.

— Vive la Charte !!! je reconnais là mes coups de poing de la fin, s'écria le Chourineur. — Encore quelques leçons comme ça, et je les saurai...

Revenu à lui au bout de quelques secondes, le Maître d'école s'élança à la poursuite de Rodolphe.

Ce dernier avait disparu avec le charbonnier dans le sombre dédale des rues de la Cité ; il était impossible de le rejoindre.

Au moment où le Maître d'école rentrait écumant de rage, deux hommes, accourant du côté opposé à celui par lequel Rodolphe avait disparu, se précipitèrent dans le tapis-franc, essoufflés, comme s'ils eussent fait rapidement une longue course.

Leur premier mouvement fut de jeter les yeux de côté et d'autre dans la taverne.

— Malheur sur moi ! — dit l'un — il nous échappe encore !...

— Patience !... les jours ont vingt-quatre heures, et la vie est longue — répondit l'autre personnage.

Ces deux nouveaux venus s'exprimaient en anglais.

CHAPITRE VI.

TOM ET SARAH.

Les deux personnages qui venaient d'entrer dans le tapis-franc appartenaient à une classe beaucoup plus élevée que celle des habitués de cette taverne.

L'un, grand, élancé, avait des cheveux presque blancs, les sourcils et les favoris noirs, une figure osseuse et brune, l'air dur, sévère; à son chapeau rond on voyait un crêpe; sa longue redingote noire se boutonnait jusqu'au cou; il portait, par-dessus son pantalon de drap gris collant, des bottes autrefois appelées à la *Suwarow*.

Son compagnon, de très-petite taille, aussi vêtu de deuil, était pâle et beau. Ses longs cheveux, ses sourcils et ses yeux d'un noir foncé faisaient ressortir la blancheur mate de son visage; à sa démarche, à sa taille, à la délicatesse de ses traits, il était facile de reconnaître dans ce personnage une femme déguisée en homme.

— Tom, demandez à boire, et interrogez ces gens-là sur *lui* — dit Sarah, parlant toujours anglais.

— Oui, Sarah — répondit l'homme à cheveux blancs et à sourcils noirs.

S'asseyant à une table pendant que Sarah s'essuyait le front, il dit à l'ogresse en très-bon français et presque sans aucun accent :

— Madame, faites-nous donner quelque chose à boire, s'il vous plaît.

L'entrée de ces deux personnes dans le tapis-franc avait vivement excité l'attention; leur costume, leurs manières, annonçaient qu'ils ne fréquentaient jamais ces ignobles tavernes; à leur physionomie inquiète, affairée, on devinait que des motifs importants les amenaient dans ce quartier.

Le Chourineur, le Maître d'école et la

Chouette les considéraient avec une avide curiosité.

La Goualeuse, épouvantée de sa rencontre avec la borgnesse, redoutant les menaces du Maître d'école, qui voulait l'emmener avec lui, profita de l'inattention de ces deux misérables, se glissa par la porte restée entr'ouverte, et sortit du cabaret.

Le Chourineur et le Maître d'école, dans leur position respective, n'avaient aucun intérêt à élever de nouvelles rixes.

Surprise de l'apparition d'hôtes si nouveaux, l'ogresse partageait l'attention générale. Tom lui dit une seconde fois avec impatience :

— Nous avons demandé quelque chose à boire, madame ; ayez la bonté de nous servir.

La mère Ponisse, flattée de cette courtoisie, se leva de son comptoir, vint gracieusement s'appuyer à la table de Tom, et lui dit :

— Voulez-vous un litre de vin ou une bouteille cachetée ?

— Donnez-nous une bouteille de vin, des verres et de l'eau.

L'ogresse servit; Tom lui jeta cent sous, et, refusant la monnaie qu'elle voulait lui rendre :

— Gardez cela pour vous, notre hôtesse, et acceptez un verre de vin avec nous.

— Vous êtes bien honnête, monsieur — dit la mère Ponisse, en regardant Tom avec plus d'étonnement que de reconnaissance.

— Mais dites-moi — reprit celui-ci — nous avions donné rendez-vous à un de nos camarades dans un cabaret de cette rue; nous nous sommes peut-être trompés.

— C'est ici le *Lapin-Blanc*, pour vous servir, monsieur.

— C'est bien cela — dit Tom en faisant un signe d'intelligence à Sarah. — Oui, c'est bien au Lapin-Blanc qu'il devait nous attendre...

— Et il n'y a pas deux Lapins-Blancs dans la rue — dit orgueilleusement l'ogresse. — Mais comment était-il, votre camarade?

— Grand et mince, cheveux et moustaches châtain-clair — dit Tom.

— Attendez donc, attendez donc, c'est mon homme de tout à l'heure.... un charbonnier d'une très-grande taille est venu le chercher, et ils sont partis ensemble.

— Ce sont eux — dit Tom.

— Et ils étaient seuls ici? — demanda Sarah.

— C'est-à-dire, le charbonnier n'est venu qu'un moment; votre autre camarade a soupé ici avec la Goualeuse et le Chourineur; — et du regard l'ogresse désigna celui des convives de Rodolphe qui était resté dans le cabaret.

Tom et Sarah se retournèrent vers le Chourineur.

Après quelques minutes d'examen, Sarah dit en anglais à son compagnon :

— Connaissez-vous cet homme?

— Non. Karl avait perdu les traces de Rodolphe à l'entrée de ces rues obscures. Voyant Murph, déguisé en charbonnier, rôder autour de ce cabaret et venir sans cesse regarder au travers des vitres, il s'est douté de quelque chose et il est venu nous avertir.....

Pendant cette conversation tenue à voix basse et en langue étrangère, le Maître d'école disait tout bas à la Chouette en regardant Tom et Sarah :

— Le grand maigre a dégaîné cent sous à l'ogresse. Il est bientôt minuit; il pleut, il vente; quand ils vont sortir, nous les suivrons; j'étourdirai le grand et je lui prendrai son argent. Il est avec une femme, il n'osera pas souffler.

— Si le petit crie à la garde, j'ai mon vitriol dans ma poche, je lui casserai la bouteille sur la figure — dit la borgnesse; — il faut toujours donner à boire aux enfants pour les empêcher de crier. — Puis elle ajouta : — Dis-donc, fourline, la première fois que nous trouverons la Pégriotte, faudra l'emmener *d'autor* (1). Une fois que nous la tiendrons chez nous, nous lui frotterons le museau avec mon vitriol, ça fait qu'elle ne fera plus la fière avec sa jolie frimousse...

—Tiens, la Chouette, je finirai par t'épouser — dit le Maître d'école; — tu n'as pas ta pareille pour l'adresse et le courage... La nuit du marchand de bœufs... je t'ai jugée; j'ai dit:

(1) D'autorité.

Voilà ma femme, elle travaillera mieux qu'un homme.

Après avoir réfléchi un moment, Sarah dit à Tom en lui indiquant le Chourineur :

— Si nous interrogions cet homme sur Rodolphe, peut-être saurions-nous ce qui l'amène ici.

— Essayons, dit Tom. Puis, s'adressant au Chourineur : — Camarade, nous devions retrouver dans ce cabaret un de nos amis; il a soupé avec vous : puisque vous le connaissez, dites-nous si vous savez où il est allé?

— Je le connais parce qu'il m'a rincé il y a deux heures en défendant la Goualeuse.

— Et vous ne l'aviez jamais vu ?

— Jamais..... Nous nous sommes rencontrés dans l'allée de la maison de Bras-Rouge.

— L'hôtesse ! encore une bouteille cachetée, et du meilleur — dit Tom.

Sarah et lui avaient à peine trempé leurs lèvres dans leurs verres encore pleins; la mère Ponisse, pour faire honneur sans doute à sa propre cave, avait plusieurs fois vidé le sien.

— Et vous nous servirez sur la table de

monsieur, s'il veut bien le permettre—ajouta Tom en allant se mettre avec Sarah à côté du Chourineur, aussi étonné que flatté de cette politesse.

Le Maître d'école et la Chouette causaient toujours à voix basse de leurs sinistres projets.

La bouteille servie, Tom et Sarah, attablés avec le Chourineur et l'ogresse, qui avait regardé une seconde invitation comme superflue, l'entretien continua :

— Vous nous disiez donc, mon brave, que vous aviez rencontré notre camarade Rodolphe dans la maison de Bras-Rouge? — dit Tom en trinquant avec le Chourineur.

— Oui, mon brave — répondit celui-ci en vidant lestement son verre.

— Voilà un singulier nom... Bras-Rouge! Qu'est-ce que c'est que ce Bras-Rouge?

Il *pastique la maltouze*—dit négligemment le Chourineur; et il ajouta : — Voilà de fameux vin, mère Ponisse!

— C'est pour ça qu'il ne faut pas laisser votre verre vide, mon brave — reprit Tom en versant de nouveau à boire au Chourineur.

— A votre santé — dit celui-ci — et à celle de votre petit ami qui.... enfin suffit..... Si ma tante était un homme, ça serait mon oncle, comme dit le proverbe... Allez donc, farceur!... je m'entends.

Sarah rougit imperceptiblement. Tom continua :

— Je n'ai pas bien compris ce que vous m'avez dit sur ce Bras-Rouge. Rodolphe sortait de chez lui, sans doute?

— Je vous ai dit que Bras-Rouge *pastiquait la maltouze.*

Tom regarda le Chourineur avec surprise.

— Qu'est-ce que ça veut dire, *pastiquer la mal.....* Comment dites-vous cela?

— *Pastiquer la maltouze!* faire la contrebande, donc. Il paraît que vous ne *dévidez* pas *le jars* (1)?

— Mon brave, je ne vous comprends plus.

— Je vous dis : Vous ne parlez donc pas argot comme M. Rodolphe?

(1) Que vous ne parlez pas argot.

— Argot? — dit Tom en regardant Sarah d'un air surpris.

— Allons, vous êtes des *sinves* (1).... mais le camarade Rodolphe est un fameux *zig* (2), lui; tout peintre en éventails qu'il est, il m'en remontrerait à moi-même pour l'argot... Eh bien, puisque vous ne parlez pas ce beau langage-là, je vous dis en bon français que Bras-Rouge est contrebandier; je le dis sans traîtrise..... car il ne s'en cache pas, il s'en vante au nez des gabelous; mais cherche, et attrape si tu peux..... car Bras-Rouge est malin.

— Et qu'est-ce que Rodolphe allait faire chez cet homme? — demanda Sarah.

— Ma foi, monsieur... ou madame, à votre choix, je n'en sais rien de rien, aussi vrai que je bois ce verre de vin. Ce soir, je voulais battre la Goualeuse: j'avais tort, c'était une bonne fille; elle s'enfonce dans l'allée de la maison de Bras-Rouge, je la poursuis... c'était noir comme chez le diable; au lieu d'empoi-

---
(1) Hommes simples.
(2) Camarade.

gner la Goualeuse, je tombe sur maître Rodolphe... qui me donne ma paye, et d'une fière force... oh! oui... il y avait surtout les coups de poing de la fin... tonnerre! c'était-il bien festonné! Il m'a promis de me montrer ce coup-là....

— Et Bras-Rouge, quel homme est-ce? — demanda Tom. — Quelle espèce de marchandise vend-il?

— Bras-Rouge? dame! il vend tout ce qu'il est défendu de vendre, il fait tout ce qu'il est défendu de faire. Voilà sa partie et son négoce. N'est-ce pas, mère Ponisse?

— Oh! c'est un cadet qui a le fil, dit l'ogresse.

— Et il met les gabelous joliment dedans — reprit le Chourineur. — On a descendu plus de vingt fois dans sa cassine, jamais on n'a rien trouvé; pourtant il en sort souvent avec ses ballots.

— C'est malin! — dit l'ogresse. — On dit qu'il a chez lui une cachette qui descend à un puits qui mène aux catacombes.

— Ça n'empêche pas qu'on ne l'a jamais trouvée, sa cachette; il faudrait démolir sa cassine pour en venir à bout — dit le Chourineur.

— Et quel est le numéro de la maison de Bras-Rouge?

— N° 13, rue aux Fèves : Bras-Rouge, marchand de tout ce qu'on veut..... C'est connu dans la Cité — dit le Chourineur.

— Je vais écrire cette adresse sur mon carnet; si nous ne trouvons pas Rodolphe, je tâcherai d'avoir des informations sur lui chez M. Bras-Rouge — reprit Tom. Et il inscrivait le nom de la rue et le numéro du contrebandier.

— Et vous pouvez vous vanter d'avoir, dans maître Rodolphe, un ami solide..... — dit le Chourineur — et un bon enfant... Sans le charbonnier, il allait se donner un coup de peigne avec le Maître d'école qui est là-bas dans son coin avec la Chouette..... Tonnerre! faut que je me tienne à quatre pour ne pas l'exterminer, cette vieille sorcière, quand je pense à ce qu'elle a fait à la Goualeuse..... Mais patience... un coup de poing n'est jamais perdu, comme dit c't autre.

— Rodolphe vous a battu? vous devez le haïr! — dit Sarah.

— Moi, haïr un homme qui se déploie comme ça! plus souvent! Au fait, c'est drôle... Tenez, v'là le Maître d'école qui m'a battu, et ça me réjouirait de le voir étrangler... M. Rodolphe qui m'a battu, et même plus fort... c'est tout le contraire : je ne lui veux que du bien. Enfin, il me semble que je me mettrais au feu pour lui, et je ne le connais que de ce soir.

— Vous dites ça parce que nous sommes ses amis, mon brave.

— Non, tonnerre! non, foi d'homme!..... Voyez-vous, il a pour lui les coups de poing de la fin... dont il n'est pas plus fier qu'un enfant; il n'y a pas là à dire... c'est un maître, un maître fini... Et puis il vous dit des mots... des choses qui vous remettent le cœur au ventre; et puis enfin, quand il vous regarde... il a dans les yeux quelque chose... Tenez, j'ai été troupier... avec un chef *pareil*..... voyez-vous, on mangerait la lune et les étoiles.

Tom et Sarah se regardèrent en silence.

— Cette incroyable puissance de domina-

tion le suivrait-elle donc partout et toujours?
— dit amèrement Sarah.

— Oui... jusqu'à ce que nous ayons conjuré le charme... — reprit Tom.

— Oui, et, quoi qu'il arrive, il le faut, il le faut — dit Sarah en passant sa main sur son front comme pour chasser un souvenir pénible.

Minuit sonna à l'Hôtel-de-Ville.

Le quinquet de la taverne ne jetait plus qu'une lumière douteuse.

A l'exception du Chourineur et de ses deux convives, du Maître d'école et de la Chouette, tous les habitués du tapis-franc s'étaient peu à peu retirés.

Le Maître d'école dit tout bas à la Chouette:

— Nous allons nous cacher dans l'allée en face, nous verrons sortir les *messières* (1), et nous les suivrons. S'ils vont à gauche, nous les attendrons dans le recoin de la rue Saint-Eloi; s'ils vont à droite, nous les attendrons dans les démolitions, du côté de la triperie; il y a là un grand trou; j'ai mon idée.

(1) Les victimes.

Et le Maître d'école et la Chouette se dirigèrent vers la porte.

— Vous ne *pitanchez* donc rien ce soir? — leur dit l'ogresse.

— Non, mère Ponisse... Nous étions entrés pour nous mettre à l'abri — dit le Maître d'école; et il sortit avec la Chouette.

CHAPITRE VII.

LA BOURSE OU LA VIE.

Au bruit que fit la porte en se fermant, Tom et Sarah sortirent de leur rêverie; ils se levèrent et remercièrent le Chourineur des renseignements qu'il leur avait donnés; celui-ci leur inspirait moins de confiance depuis qu'il avait vulgairement, mais sincèrement exprimé sa grossière admiration pour Rodolphe.

Au moment où le Chourineur sortit, le vent redoublait de violence, la pluie tombait à torrents.

Le Maître d'école et la Chouette, embusqués dans une allée qui faisait face au tapis-franc, virent le Chourineur s'éloigner du côté de la rue où se trouvait une maison en démolition. Bientôt ses pas, un peu alourdis par ses fréquentes libations de la soirée, se perdirent au milieu des sifflements du vent et du bruit de la pluie qui fouettait les murailles.

Tom et Sarah sortirent de la taverne malgré la tourmente, et prirent une direction opposée à celle du Chourineur.

— Ils sont *enflaqués* (1) — dit tout bas le Maître d'école à la Chouette; — débouche ton vitriol : attention!

— Otons nos souliers, ils ne nous entendront pas marcher derrière eux — dit la Chouette.

— Tu as raison, la Chouette, toujours raison, je n'aurais pas pensé à ça; faisons patte de velours.

Le hideux couple ôta ses chaussures et se glissa dans l'ombre en rasant les maisons...

Grâce à ce stratagème, le bruit des pas de la Chouette et du Maître d'école fut tellement amorti, qu'ils suivirent Tom et Sarah presque à les toucher sans que ceux-ci les entendissent.

— Heureusement notre fiacre est au coin

(1) Perdus.

de la rue — dit Tom ; — car la pluie va nous tremper. — N'avez-vous pas froid, Sarah?

— Peut-être apprendrons-nous quelque chose par le contrebandier, par ce Bras-Rouge — dit Sarah pensive sans répondre à la question de Tom.

Tout à coup celui-ci s'arrêta.

Il n'était qu'à une petite distance de l'endroit désigné par le Maître d'école pour commettre son crime.

— Je me suis trompé de rue — dit Tom — il fallait prendre à gauche en sortant du cabaret; nous devons passer devant une maison en démolition pour retrouver notre fiacre. Retournons sur nos pas.

Le Maître d'école et la Chouette se jetèrent dans l'embrasure d'une porte pour n'être pas aperçus de Tom et de Sarah, qui les coudoyèrent presque.

— Au fait, j'aime mieux qu'ils aillent du côté des décombres — dit tout bas le Maître d'école; si le *messière* regimbe....., j'ai mon idée.

— Tom et Sarah, après avoir de nouveau

passé devant le tapis-franc, arrivèrent près d'une maison en ruines.

Cette masure étant à moitié démolie, ses caves découvertes formaient une espèce de gouffre le long duquel la rue se prolongeait en cet endroit.

Le Maître d'école bondit avec la vigueur et la souplesse d'un tigre; d'une de ses larges mains il saisit Tom à la gorge et lui dit :

— Ton argent, ou je te jette dans ce trou !

Et le brigand, repoussant Tom en arrière, lui fit perdre l'équilibre, d'une main le retint pour ainsi dire suspendu au-dessus de la profonde excavation; tandis que de l'autre main il saisit le bras de Sarah comme dans un étau.

Avant que Tom eût fait un mouvement, la Chouette le dévalisa avec une dextérité merveilleuse.

Sarah ne cria pas, ne chercha pas à se débattre; elle dit d'une voix calme :

— Donnez-leur votre bourse, Tom. — Et s'adressant au brigand : — Nous ne crions pas, ne nous faites pas de mal.

La Chouette, après avoir scrupuleusement

fouillé les poches des deux victimes de ce guet-apens, dit à Sarah :

— Voyons tes mains, s'il y a des bagues. Non — dit la vieille femme en grommelant. — Tu n'as donc personne pour te donner des anneaux?... quelle misère!

Le sang-froid de Tom ne se démentit pas pendant cette scène aussi rapide qu'imprévue.

— Voulez-vous faire un marché? Mon portefeuille contient des papiers qui vous seront inutiles; rapportez-le-moi, et demain je vous donne vingt-cinq louis — dit Tom au Maître d'école, dont la main l'étreignait moins rudement.

— Oui, pour nous tendre une souricière! — répondit le brigand. — Allons, file sans regarder derrière toi. Tu as du bonheur d'en être quitte pour si peu.

— Un moment — dit la Chouette — s'il est gentil, il aura son portefeuille ; il y a un moyen. — Puis, s'adressant à Tom : — Vous connaissez la plaine Saint-Denis?

— Oui.

— Savez-vous où est Saint-Ouen?

— Oui.

— En face de Saint-Ouen, au bout du chemin de la Révolte, la plaine est plate; à travers champs, on y voit de loin; venez-y demain matin tout seul, aboulez l'argent, vous m'y trouverez avec le portefeuille; donnant, donnant, je vous le rendrai.

— Mais il te fera pincer, la Chouette!

— Pas si bête! il n'y a pas mèche... on voit de trop loin. Je n'ai qu'un œil... mais il est bon; si le *messière* vient avec quelqu'un, il ne trouvera plus personne, j'aurai déménagé.

Sarah parut frappée d'une idée subite; elle dit au brigand :

— Veux-tu gagner de l'argent?

— Oui.

— As-tu vu dans le cabaret d'où nous sortons, car maintenant je te reconnais; as-tu vu l'homme que le charbonnier est venu chercher?

— Un mince à moustaches? Oui, j'allais manger un morceau de ce mufle-là; mais il ne m'a pas donné le temps... il m'a étourdi de deux coups de poing et m'a renversé sur une table... c'est la première fois que ça m'arrive... Oh! je m'en vengerai!

— Eh bien! il s'agit de lui — dit Sarah.

— De lui? — s'écria le Maître d'école. — Donnez-moi 1,000 fr., je vous le tue...

— Sarah!... — s'écria Tom avec épouvante.

— Misérable! il ne s'agit pas de le tuer... dit Sarah au Maître d'école.

— De quoi donc, alors?

— Venez demain à la plaine Saint-Denis, vous y trouverez mon compagnon — reprit-elle; — vous verrez bien qu'il est seul; il vous dira ce qu'il faut faire. Ce n'est pas 1,000 fr., mais 2,000 fr. que je vous donnerai... si vous réussissez.

— Fourline — dit tout bas la Chouette au Maître d'école — il y a de l'argent à gagner; *c'est des daims huppés* (1) qui veulent monter un coup à un ennemi; cet ennemi, c'est ce gueux que tu voulais crever... Faut y aller; j'irais, moi, à ta place... Deux mille balles! mon homme, ça en vaut la peine.

— Eh bien! ma femme ira — dit le Maître

(1) Des gens riches.

d'école; — vous lui direz ce qu'il y a à faire, et je verrai...

— Soit, demain à une heure.

— A une heure.

— Dans la plaine Saint-Denis.

— Dans la plaine Saint-Denis.

— Entre Saint-Ouen et le chemin de la Révolte, au bout de la route.

— C'est dit.

— Et je vous rapporterai votre portefeuille.

— Et vous aurez les 500 fr. promis, et un à-compte sur l'autre affaire si vous êtes raisonnable.

— Maintenant allez à droite, nous à gauche; ne nous suivez pas; sinon...

Et le Maître d'école et la Chouette s'éloignèrent rapidement.

— Le démon nous est venu en aide — dit Sarah; — ce bandit peut nous servir.

— Sarah, maintenant j'ai peur... — dit Tom.

— Moi, je n'ai pas peur. J'espère, au contraire... Mais venez, venez, je me reconnais: le fiacre ne doit pas être loin.

Et les deux personnages se dirigèrent à grands pas vers le parvis Notre-Dame.

Un témoin invisible avait assisté à cette scène.

C'était le Chourineur, qui s'était tapi dans les décombres pour se mettre à l'abri de la pluie.

La proposition que fit Sarah au brigand, relativement à Rodolphe, intéressa vivement le Chourineur; effrayé des périls qui menaçaient son nouvel *ami*, il regretta de ne pouvoir l'en garantir. Sa haine contre le Maître d'école et contre la Chouette fut peut-être pour quelque chose dans ce bon sentiment.

Le Chourineur se résolut d'avertir Rodolphe du danger qu'il courait; mais comment y parvenir? il avait oublié l'adresse du soi-disant peintre en éventails. Peut-être Rodolphe ne reviendrait-il pas au tapis-franc; comment le retrouver?

En faisant ces réflexions, le Chourineur avait machinalement suivi Tom et Sarah; il les vit monter dans un fiacre qui les attendait devant le parvis Notre-Dame.

Le fiacre partit.

Une idée lumineuse vint au Chourineur; il monta derrière cette voiture.

A une heure du matin ce fiacre s'arrêta sur le boulevard de l'Observatoire, et Tom et Sarah disparurent dans une des ruelles qui aboutissent à cet endroit.

La nuit était noire, le Chourineur ne put signaler aucun indice qui lui servît à reconnaître plus précisément, le lendemain, les lieux où il se trouvait. Alors, avec une sagacité de sauvage, il tira son couteau de sa poche, fit une large et profonde entaille à un des arbres auprès desquels s'était arrêtée la voiture. Puis il regagna son gîte, dont il s'était considérablement éloigné.

Pour la première fois depuis long-temps le Chourineur goûta dans son taudis un sommeil profond, qui ne fut pas interrompu par l'horrible vision de *l'abattoir aux sergents*, comme il disait dans son rude langage.

CHAPITRE VIII.

PROMENADE.

Le lendemain de la soirée où s'étaient passés les différents événements que nous venons de raconter, un radieux soleil d'automne brillait au milieu d'un ciel pur, la tourmente de la nuit avait cessé. Quoique toujours obscurci par la hauteur des maisons, le hideux quartier où le lecteur nous a suivi semblait moins horrible, vu à la clarté d'un beau jour.

Soit que Rodolphe ne craignît plus la rencontre des deux personnes qu'il avait évitées la veille, soit qu'il la bravât, vers les onze heures du matin il entra dans la rue aux Fèves et se dirigea vers la taverne de l'ogresse.

Rodolphe était toujours habillé en ouvrier, mais on remarquait dans ses vêtements une certaine recherche; sa blouse neuve, ouverte sur la poitrine, laissait voir sa chemise de laine rouge, fermée par plusieurs boutons d'argent; le col d'une autre chemise de toile blanche se rabattait sur sa cravate de soie noire, négligemment nouée autour de son cou; de sa casquette de velours bleu-de-ciel, à visière vernie, s'échappaient quelques boucles de cheveux châtains; des bottes parfaitement cirées, remplaçant les gros souliers ferrés de la veille, mettaient en valeur un pied charmant, qui paraissait d'autant plus petit qu'il sortait d'un large pantalon de velours olive.

Ce costume ne nuisait en rien à l'élégance de la tournure de Rodolphe, rare mélange de grâce, de souplesse et de force.

Nos habits sont tellement laids qu'on ne peut que gagner à les quitter, même pour les vêtements les plus vulgaires.

L'ogresse se prélassait sur le seuil du tapis-franc, lorsque Rodolphe s'y présenta.

— Votre servante, jeune homme! Vous venez sans doute chercher la monnaie de vos

20 francs? — dit-elle avec une sorte de déférence, n'osant pas oublier que la veille le vainqueur du Chourineur lui avait jeté un louis sur son comptoir — il vous revient 17 livres 10 sous.... Ça n'est pas tout.... On est venu vous demander hier : un grand monsieur, bien couvert; il avait aux jambes des bottes à cœur, comme un tambour-major en bourgeois, et au bras une petite femme déguisée en homme. Ils ont bu du *cacheté* avec le Chourineur...

— Ah! ils ont bu avec le Chourineur! Et que lui ont-ils dit?

— Quand je dis qu'ils ont bu, je me trompe, ils n'ont fait que tremper leurs lèvres dans leurs verres, et...

— Je te demande ce qu'ils ont dit au Chourineur?

— Ils lui ont parlé de choses et d'autres, quoi! de Bras-Rouge, de la pluie et du beau temps.

— Ils connaissent Bras-Rouge?

— Au contraire, le Chourineur leur a expliqué qui c'était... et comme quoi vous l'aviez battu.

— C'est bon, il ne s'agit pas de ça.

— Vous demandez votre monnaie?

— Oui... et j'emmènerai la Goualeuse passer la journée à la campagne.

— Oh! impossible, ça, mon garçon.

— Pourquoi?

— Elle n'a qu'à ne pas revenir? Ses nippes sont à moi, sans compter qu'elle me doit encore deux cent vingt francs pour finir de s'acquitter de sa nourriture et de son logement, depuis que je l'ai prise chez moi; si elle n'était pas honnête comme elle l'est, je ne la laisserais pas aller plus loin que le coin de la rue, au moins...

— La Goualeuse te doit deux cent vingt francs?

— Deux cent vingt francs dix sous... Mais qu'est-ce que ça vous fait, mon garçon? Ne dirait-on pas que vous allez les payer? Faites donc le milord!

— Tiens — dit Rodolphe en jetant onze louis sur l'étain du comptoir de l'ogresse. — Maintenant, combien vaut la défroque que tu lui loues?

La vieille, ébahie, examinait les louis l'un

après l'autre d'un air de doute et de méfiance.

— Ah çà, crois-tu que je te donne de la fausse monnaie? Envoie changer cet or, et finissons... Combien vaut la défroque que tu loues à cette malheureuse?

L'ogresse, partagée entre le désir de faire une bonne affaire, l'étonnement de voir un ouvrier posséder autant d'argent, la crainte d'être dupée, et l'espoir de gagner davantage encore, l'ogresse garda un moment le silence, puis elle reprit :

— Ses hardes valent au moins... cent francs.

— De pareilles guenilles! allonc donc!! tu garderas la monnaie d'hier et je te donnerai encore un louis, rien de plus. Se laisser rançonner par toi... c'est voler les pauvres qui ont droit à des aumônes.

— Eh bien! mon garçon, je garde mes hardes : la Goualeuse ne sortira pas d'ici; je suis libre de vendre mes effets ce que je veux.

— Que Lucifer te brûle un jour selon tes mérites! Voilà ton argent, va me chercher la Goualeuse.

L'ogresse empocha l'or, pensant que l'ouvrier avait commis un vol ou fait un héritage, et lui dit, avec un ignoble sourire :

— Pourquoi, mon fils, ne monteriez-vous pas chercher vous-même la Goualeuse?... cela lui ferait plaisir... Car, foi de mère Ponisse, hier elle vous reluquait joliment!

— Va la chercher et dis-lui que je l'emmènerai à la campagne... rien de plus. Surtout qu'elle ne sache pas que je t'ai payé sa dette...

— Pourquoi donc?

— Que t'importe?

— Au fait, ça m'est égal, j'aime mieux qu'elle se croie encore sous ma coupe...

— Te tairas-tu! monteras-tu!...

— Oh! quel air méchant! Je plains ceux à qui vous en voulez... Allons, j'y vais... j'y vais...

Et l'ogresse monta.

Quelques minutes après, elle redescendit :

— La Goualeuse ne voulait pas me croire; elle est devenue cramoisie quand elle a su que vous étiez là... Mais quand je lui ai dit que je lui permettais de passer la journée à la campagne, j'ai cru qu'elle devenait folle;

pour la première fois de sa vie elle a eu envie de me sauter au cou.

— C'était... la joie de te quitter.

Fleur-de-Marie entra dans ce moment, vêtue comme la veille : robe d'alépine brune, châle orange noué derrière le dos, marmotte à carreaux rouges laissant voir seulement deux grosses nattes de cheveux blonds.

Elle rougit en reconnaissant Rodolphe, et baissa les yeux d'un air confus.

— Voulez-vous venir passer la journée à la campagne avec moi, mon enfant? — dit Rodolphe.

— Bien volontiers, monsieur Rodolphe — dit la Goualeuse — puisque madame le permet.

— Je t'y autorise, ma petite chatte, par rapport à ta bonne conduite... dont tu fais l'ornement... Allons, viens m'embrasser.

Et la mégère tendit à Fleur-de-Marie son ignoble visage couperosé.

La malheureuse, surmontant sa répugnance, approcha son front des lèvres de l'ogresse; mais d'un violent coup de coude Rodolphe repoussa la vieille dans son comptoir, prit le bras de Fleur-de-Marie et sortit du tapis-franc au bruit des malédictions de la mère Ponisse.

— Prenez garde, monsieur Rodolphe — dit la Goualeuse — l'ogresse va vous jeter quelque chose à la tête, elle est si méchante!

— Rassurez-vous, mon enfant; mais qu'avez-vous? vous semblez embarrassée... triste?... Êtes-vous fâchée de venir avec moi?

— Au contraire... mais... mais vous me donnez le bras.

— Eh bien!

— Vous êtes ouvrier... quelqu'un peut dire à votre bourgeois qu'on vous a rencontré avec moi... ça vous fera du tort. Les maîtres n'aiment pas que leurs ouvriers se dérangent.

Et la Goualeuse dégagea doucement son bras de celui de Rodolphe, en ajoutant :

— Allez tout seul... je vous suivrai jusqu'à la barrière... Une fois dans les champs, je reviendrai auprès de vous.

— Ne craignez rien — dit Rodolphe, touché de cette délicatesse, et, reprenant le bras de Fleur-de-Marie ; — Mon bourgeois ne demeure pas dans ce quartier, et puis d'ailleurs nous allons trouver un fiacre sur le quai aux Fleurs.

— Comme vous voudrez, monsieur Rodolphe; je vous disais cela pour ne pas vous faire arriver de peine.....

— Je le crois et je vous en remercie. Mais, franchement, vous est-il égal d'aller à la campagne dans un endroit ou dans un autre?

— Ça m'est égal, monsieur Rodolphe, pourvu que ce soit à la campagne... Il fait si beau... le grand air est si bon à respirer! Savez-vous que voilà cinq mois que je n'ai pas été plus loin que le marché aux Fleurs? Et encore, si l'ogresse me permettait de sortir de la Cité, c'est qu'elle avait confiance en moi.

— Et quand vous veniez à ce marché, c'était pour acheter des fleurs?

— Oh! non; je n'avais pas d'argent; je venais seulement les voir, respirer leur bonne odeur... Pendant la demi-heure que l'ogresse me laissait passer sur le quai les jours de marché, j'étais si contente que j'oubliais tout.

— Et en rentrant chez l'ogresse... dans ces vilaines rues?.....

— Je revenais plus triste que je n'étais partie... et je renfonçais mes larmes pour ne pas être battue. Tenez... au marché... ce qui me faisait envie, oh! bien envie, c'était de voir de petites ouvrières bien proprettes, qui s'en allaient toutes gaies, avec un beau pot de fleurs dans leurs bras.

— Je suis sûr que si vous aviez eu seulement quelques fleurs sur votre fenêtre, cela vous aurait tenu compagnie?

— C'est bien vrai ce que vous dites-là, monsieur Rodolphe! Figurez-vous qu'un jour l'ogresse, à sa fête, sachant mon goût, m'avait donné un petit rosier. Si vous saviez comme j'étais heureuse! je ne m'ennuyais plus, allez! Je ne faisais que regarder mon rosier..... je m'amusais à compter ses feuilles, ses fleurs... Mais l'air est si mauvais dans la Cité, qu'au bout de deux jours il a commencé à jaunir.... Alors... Mais vous allez vous moquer de moi, monsieur Rodolphe.

— Non, non, continuez.

— Eh bien! alors, j'ai demandé à l'ogresse la permission de sortir et d'aller promener mon rosier... oui... comme j'aurais promené un enfant. Je l'emportais au quai, je me figurais que d'être avec les autres fleurs, dans ce bon air frais et embaumé, ça lui faisait du bien; je trempais ses pauvres feuilles flétries dans la belle eau de la fontaine, et puis, pour le ressuyer, je le mettais un bon quart d'heure au soleil... Cher petit rosier, il n'en voyait jamais, de soleil, dans la Cité, car dans notre rue il ne descend pas plus bas que le toit... Enfin je rentrais... Eh bien! je vous assure, monsieur Rodolphe, que, grâce à ses promenades, mon rosier a peut-être vécu dix jours de plus qu'il n'aurait vécu sans cela.

— Je vous crois; mais quand il est mort, ça a été une grande perte pour vous?

— Je l'ai pleuré; ça a été un vrai chagrin... Et, tenez, monsieur Rodolphe, puisque vous comprenez qu'on aime les fleurs, je peux bien vous dire ça. Eh bien! je lui avais aussi comme de la reconnaissance... de... Ah! pour cette fois, vous allez vous moquer de moi...

— Non, non! j'aime... j'adore les fleurs; ainsi je comprends toutes les folies qu'elles font faire ou qu'elles inspirent.

— Eh bien! je lui étais reconnaissante, à

ce pauvre rosier, de fleurir si gentiment pour moi... quoique... enfin... malgré ce que j'étais...

Et la Goualeuse baissa la tête et devint pourpre de honte...

— Malheureuse enfant! avec cette conscience de votre horrible position, vous avez dû souvent...

— Avoir envie d'en finir, n'est-ce pas, monsieur Rodolphe? — dit la Goualeuse en interrompant son compagnon — oh! oui, allez, plus d'une fois j'ai regardé la Seine par-dessus le parapet... mais après je regardais les fleurs, le soleil... Alors je me disais : — La rivière sera toujours là; je n'ai pas dix-sept ans... qui sait?

— Quand vous disiez *Qui sait?*... vous espériez?

— Oui...

— Et qu'espériez-vous?

— Je ne sais pas... j'espérais... oui, j'espérais presque malgré moi... Dans ces moments-là, il me semblait que mon sort n'était pas mérité, qu'il y avait en moi quelque chose de bon. Je me disais : — On m'a bien tourmentée;

mais au moins je n'ai jamais fait de mal à personne..... si j'avais eu quelqu'un pour me conseiller, je ne serais pas où j'en suis!... Alors ça chassait un peu ma tristesse... Après ça il faut dire que ces pensées-là m'étaient surtout venues à la suite de la perte de mon rosier —ajouta la Goualeuse d'un air solennel qui fit sourire Rodolphe.

— Toujours ce grand chagrin...

— Oui... tenez, le voilà.

Et la Goualeuse tira de sa poche un petit paquet de bois soigneusement coupé et attaché avec une faveur rose.

— Vous l'avez conservé?

— Je le crois bien... c'est tout ce que je possède au monde.

— Comment! vous n'avez rien à vous?

— Rien...

— Mais ce collier de corail?

— C'est à l'ogresse.

— Comment! vous ne possédez pas un chiffon, un bonnet, un mouchoir?

— Non, rien... rien... que les branches sèches de mon pauvre rosier. C'est pour cela que j'y tiens tant...

A chaque mot l'étonnement de Rodolphe redoublait; il ne pouvait comprendre cet épouvantable esclavage, cette horrible vente du corps et de l'âme pour un abri sordide, quelques haillons et une nourriture immonde (1).

Rodolphe et la Goualeuse arrivèrent au quai aux Fleurs : un fiacre les attendait, Rodolphe y fit monter la Goualeuse; il monta après elle et dit au cocher :

— A Saint-Denis; je te dirai plus tard le chemin qu'il faudra prendre.

La voiture partit; le soleil était radieux, le ciel sans nuages, le froid un peu piquant; l'air circulait vif et frais à travers l'ouverture des glaces baissées.

— Tiens! un manteau de femme! — dit la

---

(1) S'il nous était permis d'entrer dans des détails devant lesquels nous reculons, nous prouverions que ce servage existe, que les lois de police sont ainsi faites, qu'une malheureuse créature, souvent vendue par ses proches et jetée dans cet abîme d'infamie, est pour ainsi dire à jamais condamnée à y vivre ; que son repentir, que ses remords sont vains, et qu'il lui est presque matériellement impossible de sortir de cette fange. — (*Voir* le précieux ouvrage du docteur Parent-Duchâtelet, œuvre d'un philosophe et d'un grand homme de bien.)

Goualeuse en remarquant qu'elle s'était assise sur ce vêtement qu'elle n'avait pas aperçu.

— Oui, c'est pour vous, mon enfant; je l'ai pris dans la crainte que vous n'ayez froid; enveloppez-vous bien.

Peu habituée à ces prévenances, la pauvre fille regarda Rodolphe avec surprise. L'espèce d'intimidation que ce dernier lui causait augmentait encore, ainsi qu'une tristesse vague, dont elle ne se rendait pas compte.

— Mon Dieu! monsieur Rodolphe, comme vous êtes bon! ça me rend honteuse.

— Parce que je suis bon?

— Non; mais.... il me semble que vous ne parlez plus maintenant comme hier, que vous êtes tout autre....

— Voyons, Fleur-de-Marie, qu'aimez-vous mieux, que je sois le Rodolphe d'hier..... ou le Rodolphe d'aujourd'hui?

— Je vous aime bien mieux comme maintenant.... Pourtant, hier il me semblait que j'étais plus votre égale....

— Puis, se reprenant aussitôt, craignant d'avoir humilié Rodolphe, elle reprit : — Quand je dis votre égale.... monsieur Rodolphe, je sais bien que cela ne peut pas être.....

— Il y a une chose qui m'étonne en vous, Fleur-de-Marie.

— Quoi donc, monsieur Rodolphe?

— Vous semblez oublier ce que la Chouette vous a dit hier de vos parents... qu'elle connaissait votre mère...

— Oh! je n'ai pas oublié cela... j'y ai pensé cette nuit.... et j'ai bien pleuré... mais je suis sûre que cela n'est pas vrai... la borgnesse aura inventé cette histoire pour me faire de la peine...

— Il se peut que la Chouette soit mieux instruite que vous ne le croyez; si cela était, ne seriez-vous pas heureuse de retrouver votre mère?

— Hélas! monsieur Rodolphe! si ma mère ne m'a jamais aimée... à quoi bon la retrouver?... Elle ne voudra pas seulement me voir... Si elle m'a aimée... quelle honte je lui ferais!... Elle en mourrait peut-être...

— Si votre mère vous a aimée, Fleur-de-Marie, elle vous plaindra, elle vous pardonnera, elle vous aimera encore... Si elle vous a délaissée.... en voyant à quel sort affreux son abandon vous a réduite.... sa honte vous vengera.

— A quoi ça sert-il de se venger? Et puis, si je me vengeais, il me semble que je n'aurais plus le droit de me trouver malheureuse... Et souvent cela me console....

— Vous avez peut-être raison.... N'en parlons plus....

A ce moment, la voiture arrivait près de Saint-Ouen, à l'embranchement de la route de Saint-Denis et du chemin de la Révolte.

Malgré la monotonie du paysage, Fleur-de-Marie fut si transportée de voir des *champs*, comme elle disait, qu'oubliant les tristes pensées que le souvenir de la Chouette venait d'éveiller en elle, son charmant visage s'épanouit. Elle se pencha à la portière en battant des mains et s'écria :

— Monsieur Rodolphe, quel bonheur!... de l'herbe! des champs! Si vous vouliez me permettre de descendre...... il fait si beau!..... J'aimerais tant à courir dans ces prairies!......

— Courons, mon enfant... Cocher, arrête!

— Comment! vous aussi, monsieur Rodolphe!

— Moi aussi... Je m'en fais une fête.

— Quel bonheur!! monsieur Rodolphe!!

Et Rodolphe et la Goualeuse de se prendre par la main et de courir à perdre haleine dans une vaste pièce de regain tardif, récemment fauché.

Dire les bonds, les petits cris joyeux, le ravissement de Fleur-de-Marie, serait impossible. Pauvre gazelle si long-temps prisonnière, elle aspirait le grand air avec ivresse. Elle allait, venait, s'arrêtait, repartait avec de nouveaux transports.

A la vue de plusieurs touffes de paquerettes et de quelques boutons d'or épargnés par les premières gelées blanches, la Goualeuse ne put retenir de nouvelles exclamations de plaisir, elle ne laissa pas une de ces petites fleurs, et glana tout le pré.

Après avoir ainsi couru au milieu des champs, lassée vite, car elle avait perdu l'habitude de l'exercice, la jeune fille, s'arrêtant pour reprendre haleine, s'assit sur un tronc d'arbre renversé au bord d'un fossé profond.

Le teint transparent et blanc de Fleur-de-Marie, ordinairement un peu pâle, se nuançait des plus vives couleurs. Ses grands yeux bleus brillaient doucement, sa bouche vermeille, haletante, laissait voir deux rangées de perles humides, son sein battait sous son vieux petit châle orange, elle appuyait une de ses mains sur son cœur pour en comprimer les pulsations, tandis que, de l'autre main, elle tendait à Rodolphe le bouquet de fleurs des champs qu'elle avait cueilli.

Rien de plus charmant que l'expression de joie innocente et pure qui rayonnait sur cette physionomie candide.

Lorsque Fleur-de-Marie put parler, elle dit à Rodolphe, avec un accent de félicité profonde, de reconnaissance presque religieuse :

— Que le bon Dieu est bon, de nous donner un si beau jour!!

Une larme vint aux yeux de Rodolphe, en entendant cette pauvre créature abandonnée, méprisée, perdue, sans asile et sans pain, jeter un cri de bonheur et de gratitude ineffable envers le créateur, parce qu'elle jouissait d'un rayon de soleil et de la vue d'une prairie.

. . . .

Rodolphe fut tiré de sa contemplation par un incident imprévu.

CHAPITRE IX.

LA SURPRISE.

Nous l'avons dit, la Goualeuse s'était assise sur un tronc d'arbre renversé au bord d'un fossé profond.

Tout à coup un homme, se dressant du fond de cette excavation, secoua la litière sous laquelle il s'était tapi, et poussa un éclat de rire formidable.

La Goualeuse se retourna en jetant un cri d'effroi.

C'était le Chourineur.

—N'aie pas peur, ma fille—reprit le Chourineur en voyant la frayeur de la jeune fille, qui se réfugia auprès de son compagnon. —Voilà une fameuse rencontre, hein! maître Rodolphe, vous ne vous attendiez pas à ça? ni moi non plus...— Puis il ajouta d'un ton sérieux :— Tenez, maître... voyez-vous, on dira ce qu'on voudra... mais il y a quelque chose en l'air.... là haut.... au-dessus de nos têtes.... le *Meg des megs* est un malin, il me fait l'effet de dire à l'homme : Va comme je te pousse... vu qu'il vous a poussé ici, ce qui est diablement étonnant !

— Que fais-tu là ?...— dit Rodolphe très-surpris.

— Je veille au grain pour vous, mon maître... Mais tonnerre ! quelle bonne farce que vous veniez justement dans les environs de ma maison de campagne... Tenez, il y a quelque chose... décidément il y a quelque chose.

— Mais encore une fois que fais-tu là ?

— Tout à l'heure vous le saurez, donnez-moi seulement le temps de percher sur votre observatoire à un cheval.

Et le Chourineur courut vers le fiacre arrêté à peu de distance, jeta çà et là sur la plaine immense un coup d'œil perçant et revint prestement rejoindre Rodolphe.

— M'expliqueras-tu ce que tout cela signifie ?

— Patience! patience! maître... Encore un mot: Quelle heure est-il?

— Midi et demi — dit Rodolphe en consultant sa montre.

— Bon....., nous avons le temps..... La Chouette ne sera ici que dans une demi-heure.

— La Chouette! — s'écrièrent à la fois Rodolphe et la jeune fille.

— Oui... la Chouette. En deux mots, maître... voilà l'histoire : hier quand vous avez eu quitté le tapis-franc il est venu...

— Un homme d'une grande taille avec une femme habillée en homme; ils m'ont demandé; je sais cela. Ensuite?

— Ensuite ils m'ont payé à boire et ont voulu me faire *jaspiner* sur votre compte... moi je n'ai rien voulu dire... vu que vous ne m'avez pas communiqué autre chose que la raclée dont vous m'avez fait la politesse..., je ne savais rien de plus de vos secrets... Après ça j'aurais su quelque chose, ça aurait été tout de même... C'est entre nous à la vie à la mort..., maître Rodolphe... Que le diable me brûle si je sais pourquoi je me sens pour vous comme qui dirait l'attachement d'un bouledogue pour son maître...; mais c'est égal... ça est... C'est plus fort que moi, je ne m'en mêle plus... ça vous regarde... arrangez-vous...

— Je te remercie, mon garçon, mais continue...

— Le grand monsieur et la petite femme habillée en homme, voyant qu'ils ne tiraient rien de moi, sont sortis de chez l'ogresse, et moi aussi... eux du côté de Palais-de-Justice, moi du côté de Notre-Dame. Arrivé au bout de la rue, je commence à m'apercevoir qu'il tombait par trop de hallebardes..., une pluie de déluge! Il y avait tout proche une maison en démolition. Je me dis: Si l'averse dure long-temps, je dormirai aussi bien là que dans mon garni.—Je me laisse couler dans une espèce de cave où j'étais à couvert; je fais mon lit d'une vieille poutre, mon oreiller d'un platras, et me voilà couché comme un roi...

— Après... après?...

— Nous avions bu ensemble, maître Rodolphe. J'avais encore bu avec le grand et la petite habillée en homme : c'est pour vous dire que j'avais la tête lourde... avec ça il n'y a rien qui me berce comme le bruit de la pluie qui tombe. Je commence donc à roupiller; il n'y avait pas, je crois, long-temps que je *pionçais*, quand un bruit m'éveille en sursaut; c'était le Maître d'école qui causait comme qui dirait *amicablement* avec un autre... J'écoute... tonnerre!... qu'est-ce que je reconnais?... la voix du grand... qui était venu au tapis-franc avec la petite habillée en homme!

— Ils causaient avec le Maître d'école et la Chouette? — dit Rodolphe stupéfait.

— Avec le Maître d'école et la Chouette... Ils convenaient de se retrouver le lendemain...

— C'est aujourd'hui!... dit Rodolphe.

— A une heure.

— C'est dans un instant!

— A l'embranchement de la route de Saint-Denis et de la Révolte...

— C'est ici!

— Comme vous dites, maître Rodolphe — c'est ici!

— Le Maître d'école!... prenez garde, monsieur Rodolphe — s'écria Fleur-de-Marie.

— Calme-toi, ma fille... lui ne doit pas venir... mais seulement la Chouette...

— Comment cet homme a-t-il pu se mettre en rapport avec ces deux misérables...? — dit Rodolphe.

— Je n'en sais ma foi rien... Après ça, maître, peut-être que je ne me serai éveillé qu'à la fin de la chose; car le grand parlait de ravoir son portefeuille que la Chouette doit lui rapporter ici... en échange de 500 fr.; faut croire que le Maître d'école avait commencé par les voler... et que c'est après qu'ils se seront mis à causer de *bonne amitié.*

— Cela est étrange...

— Mon Dieu, ça m'effraie pour vous, monsieur Rodolphe—dit Fleur-de-Marie.

— Maître Rodolphe n'est pas un enfant, ma fille; mais comme tu dis... ça pourrait chauffer pour lui... et me voilà.

— Continue, mon garçon.

— Le grand et la petite ont promis 2,000 fr. au Maître d'école... pour vous faire... je ne sais pas quoi; c'est la Chouette qui doit venir ici tout à l'heure rapporter le portefeuille et savoir de quoi il retourne, pour aller le redire au Maître d'école, qui se charge du reste.

Fleur-de-Marie tressaillit.

Rodolphe sourit dédaigneusement.

— 2,000 fr. pour vous faire quelque chose! maître Rodolphe... ça me fait penser (sans comparaison) que lorsque je vois afficher 500 fr. de récompense pour un chien perdu, je me dis modestement à moi-même : Tu te perdrais, animal, qu'on ne donnerait pas seulement cent sous pour te ravoir... 2,000 fr. pour vous faire quelque chose!... qui êtes-vous donc?

— Je te l'apprendrai tout à l'heure.

— Suffit, maître... Quand j'ai eu entendu cette proposition faite à la Chouette, je me dis : Il faut que je sache où perchent ces richards qui veulent lâcher le Maître d'école aux trousses de M. Rodolphe; ça peut servir. Quand ils s'éloignent, je sors de mes décombres, je les suis à pas de loup; le grand et la petite rejoignent un fiacre au parvis Notre-Dame, ils montent dedans, moi derrière, et nous arrivons boulevard de l'Observatoire. Il faisait noir comme dans un four, je ne pouvais rien voir; j'entaille un arbre pour m'y reconnaître le lendemain.

— Très-bien, mon garçon.

— Ce matin j'y suis retourné. A dix pas de mon arbre... j'ai vu une ruelle fermée par une barrière... dans la boue de la ruelle des petits pas et des grands pas... au bout de la ruelle une maison... le nid du grand et de la petite doit être là.

— Merci, mon brave; tu me rends, sans t'en douter, un grand service.

— Pardon! excuse! maître Rodolphe, je m'en doutais... c'est pour cela que je l'ai fait.

— Je le sais, mon garçon, et je voudrais pouvoir récompenser ton service autrement que par un remercîment... malheureusement je ne suis qu'un pauvre diable d'ouvrier... quoiqu'on donne, comme tu dis, 2,000 francs pour me faire quelque chose... Je vais t'expliquer cela...

— Bon, si ça vous amuse, sinon ça m'est égal... on vous monte un coup, je m'y oppose... le reste ne me regarde pas.

— Je devine ce qu'ils veulent... écoute-moi bien, j'ai un secret pour tailler l'ivoire des éventails à la mécanique; mais ce secret ne m'appartient pas à moi seul; j'attends mon associé pour mettre ce procédé en pratique, et c'est sûrement du modèle de la machine que j'ai chez moi dont on veut s'emparer à tout prix; car il y a beaucoup d'argent à gagner avec cette découverte.

— Le grand et la petite... sont donc?...

— Des fabricants chez qui j'ai travaillé... et à qui je n'ai pas voulu donner mon secret...

Cette explication parut satisfaisante au Chourineur, dont l'intelligence n'était pas singulièrement développée, et il reprit :

—Je comprends maintenant... voyez-vous, les gueusards!... et ils n'ont pas seulement le courage de faire leur mauvais coup eux-mêmes... Mais, pour en finir, voilà ce que je me suis dit ce matin : Je sais le rendez-vous de la Chouette et du grand, je vais aller les attendre, j'ai de bonnes jambes; mon maître débardeur m'attendra, tant pis... J'arrive ici... je vois ce trou, je vas prendre une brassée de fumier là-bas, je me cache jusqu'au bout du nez, et j'attends la Chouette... mais voilà-t-il pas que vous déboulez dans la plaine et que cette pauvre Goualeuse vient justement s'asseoir au bord de mon parc; alors, ma foi, j'ai voulu vous faire une farce, et j'ai crié comme un brûlé en sortant de ma litière...

— Maintenant, quel est ton dessein?...

— Attendre le Chouette qui, bien sûr, arrivera la première, tâcher d'entendre ce qu'elle dira au grand, parce que cela peut vous servir. Il n'y a que ce tronc d'arbre-là renversé dans ce champ; de cet endroit on voit partout dans la plaine, c'est comme fait exprès pour s'y asseoir... Le rendez-vous de la Chouette est à quatre pas, à l'embranchement de la route; il y a à parier qu'ils viendront s'asseoir ici; s'ils n'y viennent pas... si je ne peux rien entendre... quand ils seront séparés, je tombe sur la Chouette, ça sera toujours ça, je lui paie ce que je lui dois pour la dent de la Goualeuse, et je lui tords le cou jusqu'à ce qu'elle me dise le nom des parents de la pauvre fille... Qu'est-ce que vous dites de mon idée, maître Rodolphe?

— Il y a du bon, mon garçon; mais il faut corriger quelque chose à ton plan.

— Oh! d'abord, Chourineur, ne vous faites pas de mauvaise querelle pour moi... Si vous battez la Chouette, le Maître d'école...

— Assez, ma fille... La Chouette me passera par les mains... Tonnerre! c'est justement parce qu'elle a le Maître d'école pour la défendre que je doublerai la dose.

— Écoute, mon garçon, j'ai un meilleur moyen de venger la Goualeuse des méchancetés de la Chouette. Je te dirai cela plus tard. Quant à présent — dit Rodolphe en s'éloignant de quelques pas de la Goualeuse, et en baissant la voix — quant à présent, veux-tu me rendre un vrai service?...

— Parlez, maître Rodolphe.

— La Chouette ne te connaît pas?

— Je l'ai vue hier pour la premiere fois au tapis-franc...

— Voilà ce qu'il faudra que tu fasses... tu te cacheras d'abord; mais lorsque tu la verras près d'ici, tu sortiras de ton trou.

— Pour lui tordre le cou...

— Non... plus tard!... aujourd'hui il faut seulement l'empêcher de parler avec le grand... Voyant quelqu'un avec elle, il n'osera pas approcher... S'il approche, ne la quitte pas d'une minute... il ne pourra pas lui faire ses propositions devant toi...

— Si l'homme me trouve curieux... j'en fais mon affaire... ça n'est ni un Maître d'école, ni un maître Rodolphe.

— Je connais le bourgeois, il ne se frottera pas à toi.

— C'est bien. Je suis la Chouette comme son ombre. L'homme ne dit pas un mot que je ne l'entende, et il finit par filer...

—S'ils conviennent d'un autre rendez-vous, tu le sauras, puisque tu ne les quittes pas... D'ailleurs ta présence suffira pour éloigner le bourgeois.

— Bon, bon. Après je donne une tournée à la Chouette? Je tiens à ça.

— Pas encore... La borgnesse ne sait pas si tu es voleur ou non?

— Non, à moins que le Maître d'école lui ait dit que c'était pas dans mon idée...

—S'il lui a dit, tu auras l'air d'avoir changé de principes?

— Moi!

— Toi!...

LA SURPRISE. 177

— Tonnerre! monsieur Rodolphe... Mais dites donc... hum! hum!... ça ne me va guère, cette farce-là...

— Tu ne feras que ce que tu voudras... tu verras bien si je te propose une infamie...

— Oh! pour ça, je suis tranquille...

— Et tu as raison...

— Parlez, maître... j'obéirai.

— Une fois l'homme éloigné, tu tâcheras d'amadouer la Chouette.

— Moi... cette vieille gueuse?... j'aimerais mieux me battre avec le Maître d'école. Je ne sais pas seulement comment je ferai pour ne pas lui sauter tout de suite sur le casaquin.

— Alors tu perdras tout...

— Mais qu'est-ce qu'il faut donc que je fasse?

— La Chouette sera furieuse de la bonne aubaine qu'elle aura manquée; tu tâcheras de la calmer en lui disant que tu sais un bon coup à faire, que tu es là pour attendre ton complice, et que, si le Maître d'école veut en être... il y a beaucoup d'or à gagner...

— Tiens... tiens...

— Au bout d'une heure d'attente tu lui diras : « Mon camarade ne vient pas... c'est remis, » et tu prendras rendez-vous avec la Chouette et le Maître d'école... pour demain... de bonne heure. Tu comprends ?

— Je comprends...

— Et ce soir tu te trouveras, à dix heures, au coin des Champs-Élysées et de l'allée des Veuves ; je t'y joindrai et je te dirai le reste...

— Si c'est un piége, prenez garde!... Le Maître d'école est malin... ; vous l'avez battu... au moindre doute il est capable de vous tuer.

— Sois tranquille...

— Tonnerre! c'est farce... mais vous faites de moi ce que vous voulez... C'est pas l'embarras, quelque chose me dit qu'il y a un bouillon à boire pour le Maître d'école et pour la Chouette... Pourtant... un mot encore, monsieur Rodolphe.

— Parle.

— Ce n'est pas que je vous croie susceptible de tendre une souricière au Maître d'école pour le faire pincer par la police... C'est un gueux fini, qui mérite cent fois la mort... mais le faire arrêter... c'est pas ma partie.

— Ni la mienne, mon garçon; mais j'ai un

compte à régler avec lui et avec la Chouette, puisqu'ils complotent avec les gens qui m'en veulent... et à nous deux nous en viendrons à bout, si tu m'aides.

— Oh bien! alors, comme le mâle ne vaut pas mieux que la femelle... j'en suis...

— Et si nous réussissons — ajouta Rodolphe d'un ton sérieux, presque solennel, qui frappa le Chourineur — tu seras aussi fier que lorsque tu as sauvé du feu et de l'eau l'homme et la femme qui te doivent la vie!

— Comme vous dites ça, maître Rodolphe!... Je ne vous ai jamais vu ce regard-là... Mais vite, vite — s'écrie le Chourineur — j'aperçois là-bas, là-bas, un point blanc; ça doit être le béguin de la Chouette... Partez, je me remets dans mon trou.

— Et ce soir, à dix heures...

— Au coin de l'allée des Veuves et des Champs-Élysées; c'est dit...

Fleur-de-Marie n'avait pas entendu cette dernière partie de l'entretien du Chourineur et de Rodolphe. Elle remonta en fiacre avec son compagnon de voyage.

CHAPITRE X.

LA FERME.

Après son entretien avec le Chourineur, Rodolphe resta quelques moments préoccupé, pensif.

Fleur-de-Marie, n'osant interrompre le silence de son compagnon, le regardait tristement.

Rodolphe, relevant la tête, lui dit en souriant avec bonté :

— A quoi pensez-vous, mon enfant? La rencontre du Chourineur vous a été désagréable, n'est-ce pas? Nous étions si gais!

— C'est au contraire un bien pour nous, monsieur Rodolphe, puisque le Chourineur pourra vous être utile.

— Cet homme ne passait-il pas, parmi les

habitués du tapis-franc, pour avoir encore quelques bons sentiments ?

— Je l'ignore, monsieur Rodolphe... Avant la scène d'hier je l'avais vu souvent, je lui avais à peine parlé... je le croyais aussi méchant que les autres...

— Ne pensons plus à tout cela, ma petite Fleur-de-Marie. J'aurais du malheur si je vous attristais, moi qui justement voulais vous faire passer une bonne journée.

—Oh! je suis bien heureuse! Il y a si longtemps que je ne suis sortie de Paris!

— Depuis vos parties en mylord, avec Rigolette ?

— Mon Dieu, oui, monsieur Rodolphe... C'était au printemps... mais, quoique nous soyons presque en hiver, ça me fait tout autant de plaisir. Quel beau soleil il fait !... voyez donc ces petits nuages roses là-bas... là-bas... et cette colline!.. avec ces jolies maisons blanches au milieu des arbres... Comme il y a encore des feuilles! c'est étonnant au mois de novembre, n'est-ce pas, monsieur Rodolphe? Mais à Paris les feuilles tombent si vite... Et là-bas... cette volée de pigeons... les voilà qui s'abattent sur le toit d'un moulin... A la campagne on ne se lasse pas de regarder, tout est amusant.

— C'est plaisir de voir combien vous êtes sensible à ces riens qui font le charme de l'aspect de la campagne, Fleur-de-Marie.

En effet, à mesure que la jeune fille contemplait le tableau calme et riant qui se déroulait autour d'elle, sa physionomie s'épanouissait de nouveau.

— Et là-bas, ce feu de chaume dans les terres labourées, la belle fumée blanche qui monte au ciel... et cette charrue avec ses deux bons gros chevaux gris..... Si j'étais homme, comme j'aimerais l'état de laboureur!..... Être au milieu d'une plaine bien silencieuse, à suivre sa charrue... en voyant bien loin des grands bois, par un temps comme aujourd'hui, par exemple!... c'est pour le coup que ça vous donnerait envie de chanter de ces chansons un peu tristes, qui vous font venir les larmes aux yeux... comme *Geneviève de Brabant*. Est-ce que vous connaissez la chanson de *Geneviève de Brabant*, monsieur Rodolphe?

— Non, mon enfant; mais si vous êtes

gentille, vous me la chanterez une fois arrivés à la ferme.

— Quel bonheur! Nous allons à une ferme, monsieur Rodolphe?

— Oui, à une ferme tenue par ma nourrice, bonne et digne femme qui m'a élevé.

— Et nous pourrons avoir du lait? — s'écria la Goualeuse en frappant dans ses mains.

— Fi donc! du lait... de l'excellente crème, s'il vous plaît, et du beurre que la fermière fera devant nous, et des œufs tout frais.

— Que nous irons dénicher nous-mêmes?

— Certainement.....

— Et nous irons voir les vaches dans l'étable?

— Je crois bien.

— Et nous irons aussi dans la laiterie?

— Aussi dans la laiterie.

— Et au pigeonnier?

— Et au pigeonnier.

— Ah! tenez, monsieur Rodolphe, c'est à n'y pas croire..... Comme je vais m'amuser! Quelle bonne journée!... quelle bonne journée! — s'écria la jeune fille toute joyeuse.

Puis, par un brusque revirement de pensée, la malheureuse, songeant qu'après ces heures de liberté passées à la campagne, elle rentrerait dans son bouge infect, elle cacha sa tête dans ses mains et fondit en larmes.

Rodolphe surpris dit à la Goualeuse :

— Qu'avez-vous, Fleur-de-Marie, qui vous chagrine?

— Rien... rien, monsieur Rodolphe — et elle essuya ses yeux en tâchant de sourire. — Pardon si je m'attriste... n'y faites pas attention... je n'ai rien, je vous jure... c'est une idée... je vais être gaie.

— Mais vous étiez si joyeuse tout à l'heure!...

— C'est pour ça... — répondit naïvement Fleur-de-Marie en levant sur Rodolphe ses yeux encore humides de larmes.

Ces mots éclairèrent Rodolphe; il devina tout.

Voulant chasser l'humeur sombre de la jeune fille, il lui dit en souriant:

— Je parie que vous pensiez à votre rosier? vous regrettez, j'en suis sûr, de ne pouvoir lui faire partager notre promenade à la ferme... Pauvre rosier! vous auriez été capable de vouloir lui faire manger aussi un peu de crème!!

La Goualeuse prit le prétexte de cette plaisanterie pour sourire; peu à peu ce léger nuage de tristesse s'effaça de son esprit; elle ne pensa qu'à jouir du présent et à s'étourdir sur l'avenir.

La voiture arrivait près de Saint-Denis, la haute flèche de l'église se voyait au loin.

— Oh! le beau clocher! — s'écria la Goualeuse.

— C'est le clocher de Saint-Denis, une église superbe..... Voulez-vous la voir? nous ferons arrêter le fiacre.

La Goualeuse baissa les yeux.

— Depuis que je suis chez l'ogresse je ne suis point entrée dans une église; je n'ai pas osé. A la prison, au contraire, j'aimais tant à chanter à la messe! et, et à la Fête-Dieu, nous faisions de si beaux bouquets d'autel!

— Mais Dieu est bon et clément : pourquoi craindre de le prier, d'entrer dans une église?

— Oh! non, non.... monsieur Rodolphe.... ce serait comme une impiété... C'est bien assez d'offenser le bon Dieu autrement.

Après un moment de silence, Rodolphe dit à la Goualeuse :

— Jusqu'à présent avez-vous aimé quelqu'un?

— Jamais, monsieur Rodolphe!

— Pourquoi cela?

— Vous avez vu les gens qui fréquentaient le tapis-franc..... Et puis, pour aimer, il faut être honnête.

— Comment cela?

— Ne dépendre que de soi.... pouvoir.... Mais tenez, si ça vous est égal, monsieur Rodolphe, je vous en prie, ne parlons pas de ça...

— Soit, Fleur-de-Marie, parlons d'autre chose... Mais qu'avez-vous à me regarder ainsi? voilà encore vos beaux yeux pleins de larmes... Vous ai-je chagrinée?

— Oh! au contraire; mais vous êtes si bon pour moi que cela me donne envie de pleurer... et puis vous ne me tutoyez pas... et puis, enfin, on dirait que vous ne m'avez emmenée que pour mon plaisir à moi, tant vous avez l'air content de me voir heureuse. Non content de m'avoir défendue hier...., vous me faites passer aujourd'hui une pareille journée avec vous....

— Vraiment, vous êtes heureuse?

— D'ici à bien long-temps je n'oublierai ce bonheur-là.

— C'est si rare, le bonheur!...

— Oui, bien rare....

— Ma foi, moi, à défaut de ce que je n'ai pas, je m'amuse quelquefois à rêver ce que je voudrais avoir, à me dire : Voilà ce que je désirerais être... voilà la fortune que j'ambitionnerais... Et vous, Fleur-de-Marie, quelquefois ne faites-vous pas aussi de ces rêves-là, de beaux châteaux en Espagne?

— Autrefois, oui, en prison; avant d'entrer chez l'ogresse, je passais ma vie à ça et à chanter; mais depuis, c'est plus rare..... Et vous, monsieur Rodolphe, qu'est-ce que vous ambitionneriez donc?

— Moi, je voudrais être riche, très-riche... avoir des domestiques, des équipages, un hôtel, aller dans un beau monde, tous les jours au spectacle. Et vous, Fleur-de-Marie?

— Moi, je ne serais pas si difficile : de quoi payer l'ogresse, quelque argent d'avance pour avoir le temps de trouver de l'ouvrage, une gentille chambre bien propre d'où je verrais des arbres en travaillant....

— Beaucoup de fleurs sur votre fenêtre....

— Oh! bien sûr... Habiter la campagne si ça se pouvait, et voilà tout...

— Une petite chambre, de l'ouvrage, c'est le nécessaire; mais quand on n'a qu'à désirer, on peut bien se permettre le superflu... Est-ce que vous ne voudriez pas avoir des voitures, des diamants, de belles toilettes?

— Je n'en voudrais pas tant... Ma liberté, vivre à la campagne, et être sûre de ne pas mourir à l'hôpital... Oh! cela surtout... ne pas mourir là!.. Tenez, monsieur Rodolphe, souvent cette pensée me vient... Elle est affreuse!

— Hélas! nous autres pauvres gens....

— Ce n'est pas pour la misère.... que je dis cela... Mais après... quand on est morte...

— Eh bien?

— Vous ne savez donc pas ce que l'on fait de vous après, monsieur Rodolphe?

— Non....

— Il y a une jeune fille que j'avais connue en prison... Elle est morte à l'hôpital... On a abandonné son corps aux chirurgiens... — murmura la malheureuse en frissonnant.

— Ah! c'est horrible!! Comment, malheureuse enfant, vous avez souvent de ces sinistres pensées?...

— Cela vous étonne, n'est-ce pas, monsieur Rodolphe, que j'aie de la honte... pour après ma mort... *Hélas! mon Dieu... on ne m'a laissé que celle-là...*

Ces douloureuses et amères paroles frappèrent Rodolphe.

Il cacha sa tête dans ses mains en frémissant : il songeait à la fatalité qui s'était appesantie sur Fleur-de-Marie...; il songeait à la mère de cette créature pauvre... Sa mère... elle était heureuse, riche, honorée peut-être...

Honorée... riche... heureuse... et son enfant, qu'elle avait sans doute atrocement sacrifié à la honte, avait quitté le grenier de la Chouette pour la prison, la prison pour l'antre de l'ogresse; de cet antre elle pouvait aller mourir sur le grabat d'un hôpital... et après sa mort...

Cela était épouvantable.

La pauvre Goualeuse, voyant l'air sombre de son compagnon, lui dit tristement :

— Pardon, monsieur Rodolphe, je ne devrais pas avoir de ces idées-là... Vous m'emmenez avec vous pour être joyeuse, et je vous dis toujours des choses si tristes... si tristes! mon Dieu, je ne sais pas comment cela se fait, c'est malgré moi... Je n'ai jamais été plus heureuse qu'aujourd'hui; et pourtant à chaque instant les larmes me viennent aux yeux... Vous ne m'en voulez-pas, dites, monsieur Rodolphe? D'ailleurs... vous voyez.... cette tristesse s'en va... comme elle est venue... bien vite... Tenez, maintenant... je n'y songe déjà plus... Je serai raisonnable... Tenez... monsieur Rodolphe... regardez mes yeux...

Et Fleur-de-Marie, après avoir deux ou trois fois fermé ses yeux pour en chasser une larme rebelle, les ouvrit tout grands... bien grands, et regarda Rodolphe avec une naïveté charmante.

— Fleur-de-Marie, je vous en prie, ne vous contraignez pas... Soyez gaie, si vous avez envie d'être gaie... triste, s'il vous plaît d'être triste... Mon Dieu, moi qui vous parle, quelquefois j'ai comme vous des idées sombres... Je serais très-malheureux de feindre une joie que je ne ressentirais pas...

— Vraiment, monsieur Rodolphe, vous êtes triste aussi quelquefois?

— Sans doute; mon avenir n'est guère plus

beau que le vôtre... Je suis sans père ni mère... que demain je tombe malade, comment vivre? Je dépense ce que je gagne, au jour le jour.

— Ça, c'est un tort, voyez-vous... un grand tort, monsieur Rodolphe — dit la Goualeuse d'un ton de grave remontrance qui fit sourire Rodolphe ; — vous devriez mettre à la caisse d'épargne... Moi, tout mon mauvais sort est venu de ce que je n'ai pas économisé mon argent... Avec deux cents francs devant lui, un ouvrier n'est jamais aux crochets de personne, jamais embarrassé.... et c'est bien souvent l'embarras qui vous conseille mal.

— Cela est très-sage, très-sensé, ma bonne petite ménagère. Mais deux cents francs.... comment amasser deux cents francs?

— Mais, monsieur Rodolphe, c'est bien simple : faisons un peu votre compte; vous allez voir... Vous gagnez, n'est-ce pas, quelquefois jusqu'à cinq francs par jour?

— Oui, quand je travaille.

— Il faut travailler tous les jours. Êtes-vous donc si à plaindre? Un joli état comme le vôtre... peintre en éventails... mais ça devrait être pour vous un plaisir... Tenez, vous n'êtes pas raisonnable, monsieur Rodolphe!... —

ajouta la Goualeuse d'un ton sévère. — Un ouvrier peut vivre, mais très-bien vivre avec trois francs; il vous reste donc quarante sous, au bout d'un mois soixante francs d'économie..... Soixante francs par mois... mais c'est une somme!

— Oui; mais c'est si bon de flâner, de ne rien faire!

— Monsieur Rodolphe, encore une fois, vous n'avez pas plus de raison qu'un enfant...

— Eh bien! je serai raisonnable, petite grondeuse; vous me donnez de bonnes idées... Je n'avais pas songé à cela...

— Vraiment? — dit la jeune fille en frappant dans ses mains avec joie. — Si vous saviez combien vous me rendez contente!..... Vous économiserez quarante sous par jour! bien vrai?

— Allons... j'économiserai quarante sous par jour — dit Rodolphe en souriant malgré lui.

— Bien vrai? bien vrai?

— Je vous le promets...

— Vous verrez comme vous serez fier aux premières économies que vous aurez faites.....

Et puis ce n'est pas tout.... si vous voulez me promettre de ne pas vous fâcher....

— Est-ce que j'ai l'air bien méchant?

— Non, certainement... mais je ne sais pas si je dois....

— Vous devez tout me dire, Fleur-de-Marie...

— Eh bien! enfin, vous qui... on voit ça, êtes au-dessus de votre état..... comment est-ce que vous fréquentez des cabarets comme celui de l'ogresse?

— Si je n'étais pas venu dans le tapis-franc, je n'aurais pas le plaisir d'aller à la campagne aujourd'hui avec vous, Fleur-de-Marie.

— C'est bien vrai, mais c'est égal, monsieur Rodolphe..... Tenez, je suis aussi heureuse que possible de ma journée, eh bien! je renoncerais de bon cœur à en passer une pareille si cela pouvait vous faire du tort.

— Au contraire; puisque vous m'avez donné d'excellents conseils de ménage.

— Et vous les suivrez?

— Je vous l'ai promis, parole d'honneur. J'économiserai au moins quarante sous par jour.....

CHAPITRE XI.

LES SOUHAITS.

A ce moment Rodolphe dit au cocher, qui avait dépassé le village de Sarcelles:

— Prends le premier chemin à droite, tu traverseras Villiers-le-Bel, et puis à gauche, toujours tout droit.

Puis s'adressant à la Goualeuse:

— Maintenant que vous êtes contente de moi, Fleur-de-Marie, nous pouvons nous amuser, comme nous le disions tout à l'heure, à faire des châteaux en Espagne. Ça ne coûte pas cher, vous ne me reprocherez pas ces dépenses-là.

— Non... Voyons, faisons votre château en Espagne.

— D'abord... le vôtre, Fleur-de-Marie.

— Voyons si vous devinerez mon goût, monsieur Rodolphe.

— Essayons... Je suppose que cette route-ci... je dis celle-ci parce que nous y sommes...

— C'est juste, il ne faut pas aller chercher si loin.

— Je suppose donc que cette route-ci nous mène à un charmant village, très-éloigné de la grande route.

— Oui, c'est bien plus tranquille.

— Il est bâti à mi-côte, et entremêlé de beaucoup d'arbres.

— Il y a tout auprès une petite rivière.

— Justement..., une petite rivière. A l'extrémité du village on voit une jolie ferme; d'un côté de la maison il y a un verger, de l'autre un beau jardin rempli de fleurs.

— Je vois ça d'ici, monsieur Rodolphe!

— Au rez-de-chaussée une vaste cuisine pour les gens de la ferme, et une salle à manger pour la fermière.

— La maison a des persiennes vertes.... c'est si gai, n'est-ce pas, monsieur Rodolphe?

—Des persiennes vertes... je suis de votre avis... il n'y a rien de plus gai que des persiennes vertes... Naturellement la fermière serait votre tante.

—Naturellement... et ce serait une bien bonne femme.

—Excellente : elle vous aimerait comme une mère...

—Bonne tante !... ça doit être si bon d'être aimé par quelqu'un !

—Et vous l'aimeriez bien aussi ?

—Oh ! — s'écria Fleur-de-Marie en joignant les mains et en levant les yeux au ciel avec une expression de bonheur impossible à rendre—oh ! oui, je l'aimerais ; et puis je l'aiderais à travailler, à coudre, à ranger le linge, à blanchir, à serrer les fruits pour l'hiver, à tout le ménage, enfin... Elle ne se plaindrait pas de ma paresse, je vous en réponds !... Le matin...

—Attendez donc, Fleur-de-Marie... êtes-vous impatiente !... que je finisse de vous peindre la maison.

—Allez, allez, monsieur le peintre, on voit bien que vous avez l'habitude de faire de jolis paysages sur vos éventails — dit la Goualeuse en riant.

— Petite babillarde... laissez-moi donc achever ma maison...

— C'est vrai, je babille; mais c'est si amusant!... Monsieur Rodolphe, je vous écoute, finissez la maison de la fermière.

— Votre chambre est au premier.

— Ma chambre! quel bonheur! Voyons ma chambre, voyons.

Et la jeune fille se pressa contre Rodolphe, ses grands yeux bien ouverts, bien curieux.

— Votre chambre a deux fenêtres qui donnent sur le jardin de fleurs et sur un pré au bas duquel coule la petite rivière. De l'autre côté de la petite rivière s'élève un coteau tout planté de vieux châtaigniers, au milieu desquels on aperçoit le clocher de l'église.

— Que c'est donc joli!... que c'est donc joli, monsieur Rodolphe! Ça donne envie d'y être!

— Trois ou quatre belles vaches paissent dans la prairie, qui est séparée du jardin par une haie d'aubépine.

— Et de ma fenêtre je vois les vaches?

— Parfaitement.

— Il y en a une qui sera ma favorite, n'est-ce pas, monsieur Rodolphe? je lui ferai un beau collier avec une clochette, et je l'habituerai à venir manger dans ma main.

— Elle n'y manquera pas. Elle est toute blanche, toute jeune, et s'appelle *Musette*.

— Ah! le joli nom! cette pauvre Musette, comme je l'aime!

— Finissons votre chambre, Fleur-de-Marie; elle est tendue d'une jolie toile perse, avec les rideaux pareils; un grand rosier et un énorme chèvrefeuille couvrent les murs de la ferme de ce côté-là, et entourent vos croisées, de façon que tous les matins vous n'avez qu'à allonger la main pour cueillir un beau bouquet de roses et de chèvrefeuille.

— Ah! monsieur Rodolphe, quel bon peintre vous êtes!

— Maintenant, voici comme vous passez votre journée.

— Voyons ma journée.

— Votre bonne tante vient d'abord vous éveiller en vous baisant tendrement au front;

elle vous apporte un bol de lait bien chaud, parce que votre poitrine est faible, pauvre enfant! Vous vous levez; vous allez faire un tour dans la ferme, voir Musette, les poulets, vos amis les pigeons, les fleurs du jardin... A neuf heures, arrive votre maître d'écriture...

— Mon maître?

— Vous sentez bien qu'il faut apprendre à lire, à écrire et à compter, pour pouvoir aider votre tante à tenir ses livres de fermage.

— C'est vrai, monsieur Rodolphe, je ne pense à rien... il faut bien que j'apprenne à écrire pour aider ma tante — dit sérieusement la pauvre fille, tellement absorbée par la riante peinture de cette vie paisible qu'elle croyait à ses réalités.

— Après votre leçon, vous travaillez au linge de la maison, ou vous vous brodez un joli bonnet à la paysanne... Sur les deux heures vous travaillez à votre écriture, et puis vous allez avec votre tante faire une bonne promenade, voir les moissonneurs dans l'été, les laboureurs dans l'automne; vous vous fatiguez bien, et vous rapportez une belle poignée d'herbes des champs, choisies par vous pour votre chère *Musette.*

— Car nous revenons par la prairie, n'est-ce pas, monsieur Rodolphe?

— Sans doute; il y a un pont de bois sur la rivière. Au retour, il est, ma foi, bien six ou sept heures : dans ce temps-ci un bon feu bien gai flambe dans la grande cuisine de la ferme; vous allez vous y réchauffer et causer un moment avec les braves gens qui soupent en rentrant du labour. Ensuite vous dînez avec votre tante. Quelquefois le curé ou un des vieux amis de la maison se met à table avec vous. Après cela, vous lisez ou vous travaillez, pendant que votre tante fait sa partie de cartes. A dix heures, elle vous baise au front, vous remontez chez vous; et le lendemain matin, c'est à recommencer...

— On vivrait cent ans comme cela, monsieur Rodolphe, sans penser à s'ennuyer un moment...

— Mais cela n'est rien. Et les dimanches! et les jours de fête!

— Ces jours-là, monsieur Rodolphe?

— Vous vous faites belle, vous mettez une

jolie robe à la paysanne, avec ça de charmants bonnets ronds qui vous vont à ravir; vous montez en carriole d'osier avec votre tante et Jacques, le garçon de ferme, pour aller à la grand'messe du village; après, dans l'été, vous ne manquez pas d'assister, avec votre tante, à toutes les fêtes des paroisses voisines. Vous êtes si gentille, si douce, si bonne petite ménagère, votre tante vous aime tant, le curé rend de vous un si bon témoignage, que tous les jeunes fermiers des environs veulent vous faire danser, parce que c'est comme cela que commencent toujours les mariages... Aussi peu à peu vous en remarquez un... et...

Rodolphe, étonné du silence de la Goualeuse, la regarda.

La malheureuse fille étouffait à grand'peine ses sanglots.

Un moment abusée par les paroles de Rodolphe, elle avait oublié le présent, et le contraste de ce présent avec le rêve d'une existence douce et riante lui rappelait l'horreur de sa position.

— Fleur-de-Marie, qu'avez-vous?

— Ah! monsieur Rodolphe, sans le vouloir vous m'avez fait bien du chagrin... J'ai cru un instant à ce paradis...

— Mais, pauvre enfant, ce paradis existe... tenez, regardez... Cocher, arrête!

La voiture s'arrêta.

La Goualeuse releva machinalement la tête. Elle se trouvait au sommet d'une petite colline.

Quel fut son étonnement, sa stupeur!

Le joli village bâti à mi-côte, la ferme, la prairie, les belles vaches, la petite rivière, la châtaigneraie, l'église dans le lointain, le tableau était sous ses yeux... rien n'y manquait, jusqu'à *Musette*, belle génisse blanche, future favorite de la Goualeuse.

Ce charmant paysage était éclairé par un beau soleil de novembre... Les feuilles jaunes et pourpres des châtaigniers les couvraient encore et se découpaient sur l'azur du ciel.

— Eh bien! Fleur-de-Marie, que dites-vous? Suis-je bon peintre? — dit Rodolphe en souriant.

La Goualeuse le regardait avec une surprise mêlée d'inquiétude. Cela lui semblait presque surnaturel.

— Comment se fait-il, monsieur Rodolphe?... Mais, mon Dieu! est-ce un rêve?... Ça me fait presque peur..... Comment! ce que vous m'avez dit...

— Rien de plus simple, mon enfant... La fermière est ma nourrice, j'ai été élevé ici... Je lui ai écrit ce matin de très-bonne heure que je viendrais la voir : je peignais d'après nature.

— Ah! c'est vrai, monsieur Rodolphe! — dit la Goualeuse avec un profond soupir.

CHAPITRE XII.

LA FERME.

La ferme où Rodolphe conduisait Fleur-de-Marie était située en dehors et à l'extrémité du village de *Bouqueval*, petite paroisse solitaire, ignorée, enfoncée dans les terres, et éloignée d'Ecouen d'environ deux lieues.

Le fiacre, suivant les indications de Rodolphe, descendit un chemin rapide, et entra dans une longue avenue bordée de cerisiers et de pommiers. La voiture roulait sans bruit sur un tapis de ce gazon fin et ras dont la plupart des routes vicinales sont ordinairement couvertes.

Fleur-de-Marie, silencieuse, triste, restait, malgré ses efforts, sous une impression douloureuse, que Rodolphe se reprochait presque d'avoir causée.

Au bout de quelques minutes la voiture passa devant la grande porte de la cour de la ferme, continua son chemin le long d'une épaisse charmille, et s'arrêta en face d'un petit porche de bois rustique à demi caché sous un vigoureux cep de vigne aux feuilles empourprées par l'automne.

— Nous voici arrivés, Fleur-de-Marie — dit Rodolphe — êtes-vous contente?

— Oui, monsieur Rodolphe... pourtant il me semble à présent que je vais avoir honte devant la fermière; je n'oserai jamais la regarder...

— Pourquoi cela, mon enfant?

— Vous avez raison, monsieur Rodolphe... elle ne me connaît pas.

Et la Goualeuse étouffa un soupir.

On avait sans doute guetté l'arrivée du fiacre de Rodolphe.

Le cocher ouvrait la portière, lorsqu'une femme de cinquante ans environ, vêtue comme le sont les riches fermières des environs de Paris, ayant une physionomie à la fois triste et douce, parut sous le porche, et s'avança au-devant de Rodolphe avec un respectueux empressement.

La Goualeuse devint pourpre, et descendit de voiture après un moment d'hésitation...

— Bonjour, ma bonne madame Georges... — dit Rodolphe à la fermière — vous le voyez, je suis exact...

Puis, se retournant vers le cocher et lui mettant de l'argent dans la main :

— Tu peux t'en retourner à Paris.

Le cocher, petit homme trapu, avait son chapeau enfoncé sur les yeux et la figure presque entièrement cachée par le collet fourré de son karrik; il empocha l'argent, ne répondit rien, remonta sur son siége, fouetta son cheval, et disparut rapidement dans l'allée verte.

— Après une si longue course, ce cocher muet est bien pressé de s'en aller... — pensa d'abord Rodolphe. — Bah! il n'est que deux heures; il veut être assez tôt de retour à Paris pour pouvoir utiliser le restant de sa journée.

Et Rodolphe n'attacha aucune importance à sa première observation.

Fleur-de-Marie s'approcha de lui, l'air inquiet, troublé, presque alarmé, et lui dit tout bas, de manière à n'être pas entendue de madame Georges :

— Mon Dieu! monsieur Rodolphe, pardon... Vous renvoyez la voiture... Mais l'ogresse? hélas!... il faut que je retourne chez elle ce soir..... sinon..... elle me regardera comme une voleuse... Mes habits lui appartiennent... et je lui dois...

— Rassurez-vous, mon enfant, c'est à moi à vous demander pardon...

— Pardon!... et de quoi?

— De ne pas vous avoir dit plus tôt que vous ne deviez plus rien à l'ogresse..... et que vous pouviez quitter ces ignobles vêtements pour d'autres que ma bonne madame Georges va vous donner. Elle en a à peu près de votre taille, elle voudra bien vous prêter de quoi vous habiller... Vous le voyez, elle commence déjà son rôle de tante.

Fleur-de-Marie croyait rêver; elle regardait tour à tour la fermière et Rodolphe, ne pouvant croire à ce qu'elle entendait.

— Comment — dit-elle, la voix palpitante

d'émotion — je ne retournerai plus à Paris?... je pourrai rester ici? madame... me le permettra?... ce serait possible!... ce château en Espagne de tantôt?...

— C'était cette ferme... le voilà réalisé...

— Non, non, ce serait trop beau... trop heureux...

— On n'a jamais trop de bonheur, Fleur-de-Marie...

— Ah! par pitié, monsieur Rodolphe... ne me trompez pas, cela me ferait bien mal.

— Ma chère enfant, croyez-moi — dit Rodolphe d'une voix toujours affectueuse, mais avec un accent de dignité que Fleur-de-Marie ne lui connaissait pas encore; — oui... vous pouvez, si cela vous convient, mener dès aujourd'hui, auprès de madame Georges, cette vie paisible dont tout à l'heure le tableau vous enchantait... Quoique madame Georges ne soit pas votre tante, elle aura pour vous, lorsqu'elle vous connaîtra, le plus tendre intérêt; vous passerez même pour sa nièce aux yeux des gens de la ferme, ce petit mensonge rendra votre position plus convenable... Encore une fois... si cela vous plaît, Fleur-de-Marie, vous pourrez réaliser votre rêve de tantôt. Dès que vous serez habillée en petite fermière—ajouta-t-il en souriant—nous vous mènerons voir votre future favorite, *Musette*, jolie génisse blanche, qui n'attend plus que le collier que vous lui avez promis... Nous irons aussi donner un coup d'œil à vos amis les pigeons, et puis à la laiterie; nous parcourrons enfin toute la ferme ; je tiens à remplir ma promesse.

Fleur-de-Marie joignit les mains avec force. La surprise, la joie, la reconnaissance, le respect se peignirent sur sa ravissante figure; ses yeux se noyèrent de larmes, elle s'écria :

— Monsieur Rodolphe... vous êtes donc un ange du bon Dieu, que vous faites tant de bien aux malheureux sans les connaître! et que vous les délivrez de la honte et de la misère !!!

— Ma pauvre enfant — répondit Rodolphe avec un sourire de mélancolie profonde et d'ineffable bonté — quoique bien jeune, j'ai dans ma vie déjà souffert... cela vous explique ma compassion pour ceux qui souffrent. Fleur-de-Marie, ou plutôt *Marie*, allez avec madame Georges... Oui, *Marie*, gardez désormais ce nom, doux et joli nom comme vous! Avant mon départ nous causerons ensemble, et je vous quitterai bien heureux... de vous savoir heureuse.

Fleur-de-Marie ne répondit rien, s'approcha de Rodolphe, fléchit à demi les genoux, et prit sa main qu'elle porta respectueusement à ses lèvres avec un mouvement rempli de grâce et de modestie.

Puis elle suivit madame Georges, qui la contemplait avec un intérêt profond.

CHAPITRE XIII.

MURPH ET RODOLPHE.

Rodolphe se dirigea vers la cour de la ferme et y trouva l'homme de grande taille qui, la veille, déguisé en charbonnier, était venu l'avertir de l'arrivée de Tom et de Sarah.

Murph, tel est le nom de ce personnage, avait cinquante ans environ ; quelques mèches blanches argentaient deux petites touffes de cheveux d'un blond vif qui frisaient de chaque côté de son crâne presque entièrement chauve ; son visage large, coloré, était complétement rasé, sauf des favoris très-courts, d'un blond ardent, qui ne dépassaient pas le niveau de l'oreille, et s'arrondissaient en croissant sur ses joues rebondies. Malgré son âge et son embonpoint, Murph était alerte et robuste. Sa physionomie, quoique flegmatique, était à la fois bienveillante et résolue; il portait une cravate blanche, un grand gilet et un long habit noir à larges basques; sa culotte, d'un gris verdâtre, était de même étoffe que ses guêtres à boutons de nacre, ne rejoignant pas tout à fait ses jarretières. Elles laissaient apercevoir ses bas de voyage, en laine écrue.

L'habillement et la mâle tournure de Murph rappelaient le type parfait de ce que les Anglais appellent le gentilhomme fermier. Hâtons-nous d'ajouter que Murph était Anglais gentilhomme (*squire*), mais non fermier.

Au moment où Rodolphe entra dans la cour, Murph remettait dans la poche d'une petite calèche de voyage une paire de pistolets qu'il venait de soigneusement essuyer.

— A qui diable en as-tu avec tes pistolets? — lui dit Rodolphe.

— Cela me regarde, monseigneur — dit Murph en descendant du marchepied.—Faites vos affaires, je fais les miennes.

— Pour quelle heure as-tu commandé les chevaux?

— Selon vos ordres, à la nuit tombante.

— Tu es arrivé ce matin?...

— A huit heures. Madame Georges a eu le loisir de tout préparer.

— Tu as de l'humeur... Est-ce que tu n'es pas content de moi?

— Je ne le suis que trop, monseigneur... que trop... Un jour ou l'autre... enfin... le danger... c'est votre vie...

— Il te sied bien de parler!... Si je te laissais faire, il n'y aurait de péril que pour toi, et...

— Et quand vous feriez le bien sans risquer votre vie, où serait le grand mal, monseigneur?

— Où serait le grand plaisir, maître Murph?

— Vous... — dit le *squire* en haussant les épaules — vous dans de pareilles tavernes!

— Oh! que vous voilà bien, vous autres John Bull, avec vos scrupules aristocratiques! Croyant les grands seigneurs d'une essence supérieure à la vôtre, pauvres moutons... fiers de vos bouchers!!!

— Si vous étiez Anglais, monseigneur, vous

comprendriez cela... *on honore qui honore...* D'ailleurs, je serais Turc, Chinois ou Américain, que je trouverais encore que vous avez tort de vous exposer ainsi... Hier soir, dans cette abominable rue de la Cité, en allant pour déterrer avec vous ce *Bras-Rouge,* que l'enfer confonde ! il m'a fallu la crainte de vous irriter, de vous désobéir, pour m'empêcher d'aller vous secourir dans votre lutte contre le bandit que vous avez trouvé dans l'allée de ce bouge.

— C'est-à-dire, monsieur Murph, que vous doutez de ma force et de mon courage?

— Malheureusement vous m'avez cent fois mis à même de ne douter ni de l'une ni de l'autre. Grâce à Dieu, Crabb de Ramsgate vous a appris à boxer ; Lacour de Paris (1) vous a enseigné la *canne,* le *chausson*, et par curiosité l'*argot;* le fameux Bertrand vous a appris l'escrime, et dans vos essais contre ces *professeurs* vous avez eu souvent l'avantage... Vous tuez les hirondelles au vol avec un pistolet de munition; vous avez des muscles d'acier; quoique svelte et mince, vous me battriez aussi facile-

(1) Célèbre professeur de savate.

ment qu'un cheval de course battrait un cheval de brasseur... Cela est vrai...

Rodolphe avait complaisamment écouté cette énumération de ses qualités de gladiateur ; il reprit en souriant :

— Eh bien ! alors, que crains-tu ?

— Je maintiens, monseigneur, qu'il n'est pas convenable que vous prêtiez le collet au premier goujat venu. Je ne vous dis pas cela à cause de l'inconvénient qu'il y a pour un honorable gentilhomme de ma connaissance à se noircir la figure avec du charbon et à avoir l'air d'un diable... malgré mes cheveux gris, mon embonpoint et ma gravité, je me déguiserais en danseur de corde, si cela pouvait vous servir ; mais j'en suis pour ce que j'ai dit...

— Oh ! je le sais bien, vieux Murph, lorsqu'une idée est rivée sous ton crâne de fer, lorsque le dévouement est implanté dans ton ferme et vaillant cœur, le démon userait ses dents et ses ongles à les en retirer...

— Vous me flattez, monseigneur, vous méditez quelque...

— Ne te gêne pas...

— Quelque folie, monseigneur.

— Mon pauvre Murph, tu prends mal ton temps pour me sermonner.

— Pourquoi?

— Je suis dans un de mes moments d'orgueil et de bonheur... je suis ici...

— Dans un endroit où vous avez fait du bien?

— C'est un lieu de refuge contre tes homélies... c'est mon *Temple-Bar*...

— S'il en est ainsi, où diable voulez-vous que je vous prenne, monseigneur?

— Maître Murph, vous me flattez, vous voulez m'empêcher de faire quelque folie...

— Monseigneur, il y a des folies pour lesquelles je suis indulgent...

— Les folies d'argent?

— Oui; car, après tout, avec près de deux millions de revenu...

— On est souvent bien gêné, mon pauvre Murph...

— A qui le dites-vous, monseigneur?

— Et pourtant il y a des plaisirs si vifs, si purs, si profonds, qui coûtent si peu! Qu'y a-t-il de comparable à ce que j'ai éprouvé tout à l'heure, lorsque cette malheureuse créature... s'est vue en sûreté ici, et que dans sa reconnaissance elle m'a baisé la main!... Ce n'est pas tout; mon bonheur a un long avenir; demain, après-demain, pendant bien des jours enfin, je pourrai songer avec délices à ce qu'éprouvera cette pauvre enfant en se réveillant dans cette tranquille retraite, auprès de cette excellente madame Georges, qui l'aimera tendrement; car le malheur est sympathique au malheur.

— Oh! pour madame Georges, jamais bienfaits n'ont été mieux placés. Noble, courageuse femme!... Un ange de vertu... un ange... Je m'émeus rarement, et je me suis ému aux malheurs de madame Georges... Mais votre nouvelle protégée... tenez... ne parlons pas de cela, monseigneur...

— Pourquoi, Murph?...

— Monseigneur, vous faites ce que bon vous semble...

— Je fais ce qui est juste — dit Rodolphe avec une nuance d'impatience.

— Ce qui est juste... selon vous...

— Ce qui est juste devant Dieu et devant

ma conscience—reprit sévèrement Rodolphe.

— Tenez, monseigneur, nous ne nous entendrons pas. Je vous le répète, ne parlons plus de cela.

— Et moi, je vous ordonne de parler! — s'écria impérieusement Rodolphe.

— Je ne me suis jamais exposé à ce que monseigneur m'ordonnât de me taire... j'espère qu'il ne m'ordonnera pas de parler — répondit fièrement Murph.

— Monsieur Murph!!! — s'écria Rodolphe avec un accent d'irritation croissante.

— Monseigneur!...

— Vous le savez, monsieur, je n'aime pas les réticences.

— Il me convient d'avoir des réticences! — dit brusquement Murph.

— Apprenez, monsieur, que si je descends avec vous jusqu'à la familiarité, c'est à condition que vous vous éleverez jusqu'à la franchise.

Il est impossible de peindre la hauteur souveraine de la physionomie de Rodolphe en prononçant ces dernières paroles.

— Monseigneur! j'ai cinquante ans, je suis

gentilhomme; vous ne devez pas me parler ainsi.

— Taisez-vous!...

— Monseigneur!!...

— Taisez-vous!...

— Monseigneur, il est indigne de forcer un homme de cœur à se souvenir des services qu'il a rendus...

— Tes services? est-ce que je ne les paie pas de toutes façons?

Il faut le dire, Rodolphe n'avait pas attaché à ces mots cruels un sens humiliant qui plaçât Murph dans la position d'un mercenaire; malheureusement celui-ci les interpréta de la sorte. Il devint pourpre de honte, porta ses deux poings crispés à son front chauve avec une expression de douloureuse indignation; puis tout à coup, par un revirement subit, jetant les yeux sur Rodolphe, dont la noble figure était alors contractée, enlaidie par la violence d'un dédain farouche, Murph étouffa un soupir, regarda le jeune homme avec une sorte de tendre commisération, et lui dit d'une voix émue :

— Monseigneur, revenez à vous!.... vous n'êtes pas raisonnable!...

Ces mots mirent le comble à l'irritation de Rodolphe; son regard brilla d'un éclat sauvage; ses lèvres blanchirent, et, s'avançant vers Murph avec un geste de menace, il s'écria :

— Oses-tu bien!...

Murph se recula, et dit vivement, comme malgré lui :

— Monseigneur, monseigneur! SOUVENEZ-VOUS DU 13 JANVIER!

Ces mots produisirent un effet magique sur Rodolphe. Son visage, crispé par la colère, se détendit.

Il regarda fixement Murph, baissa la tête; puis, après un moment de silence, il murmura d'une voix altérée :

— Ah! monsieur, vous êtes cruel..... je croyais pourtant!... et vous encore!... vous!...

Rodolphe ne put achever, sa voix s'éteignit; il tomba assis sur un banc de pierre, et cacha sa tête dans ses deux mains.

— Monseigneur — s'écria Murph désolé — mon bon seigneur, pardonnez-moi, pardonnez à votre vieux et fidèle Murph. Ce n'est que poussé à bout, et craignant, hélas! non pour moi... mais pour vous... les suites de votre emportement, que j'ai dit cela... je l'ai dit sans colère, sans reproche, je l'ai dit malgré moi et avec compassion... Monseigneur, j'ai eu tort d'être susceptible... Mon Dieu! qui doit connaître votre caractère, si ce n'est moi, moi qui ne vous ai pas quitté depuis votre enfance!... De grâce, dites que vous me pardonnez de vous avoir rappelé ce jour funeste... hélas! que d'expiations n'avez-vous pas...

Rodolphe releva la tête; il était très-pâle. Il dit à son compagnon, d'une voix douce et triste :

— Assez, assez, mon vieil ami, je te remercie d'avoir éteint d'un mot ce fatal emportement; je ne te fais pas d'excuses, moi, des duretés que je t'ai dites; tu sais bien qu'*il y a loin du cœur aux lèvres*, comme disent les bonnes gens de chez nous. J'étais fou, ne parlons plus de cela.

— Hélas! maintenant vous voilà triste pour long-temps... Suis-je assez malheureux!... Je ne désire rien tant que de vous voir sortir de votre humeur sombre,... et je vous y replonge par ma sotte susceptibilité! Mort-Dieu! à quoi sert d'être honnête homme et d'avoir des cheveux gris, si ce n'est à endurer patiemment les reproches qu'on ne mérite pas!

— Mais non — reprit Murph avec une exaltation comique, car elle contrastait avec son flegme habituel — mais non, il faut sans doute qu'on me flatte à la journée, qu'on me dise : Monsieur Murph, vous êtes le modèle des serviteurs ; monsieur Murph, il n'y a pas de fidélité pareille à la vôtre; monsieur Murph, vous êtes un homme admirable. M. Murph! diable! peste! oh! oh! qu'il est beau, M. Murph! brave M. Murph!! Allons, vieux perroquet, fais donc gratter ta tête grise!!

Puis, se ressouvenant des affectueuses paroles que Rodolphe lui avait dites au commencement de la conversation, il s'écria avec un redoublement de violence grotesque :

— Mais c'est qu'il m'avait appelé son bon, son vieux, son fidèle Murph!... Et moi qui vais comme un rustre, pour une boutade involontaire! à mon âge... Mort-Dieu!... c'est à s'arracher les cheveux.

Et le digne gentilhomme porta ses deux mains à ses tempes.

Ces mots et ce geste étaient chez lui le signe du désespoir arrivé à son paroxysme. Malheureusement ou heureusement pour Murph, il était presque complétement chauve, ce qui rendait cette manifestation *capillaire* très-inoffensive, et cela à son grand et sincère regret; car lorsque l'action succédait à la parole, c'est-à-dire lorsque ses doigts crispés ne rencontraient que la surface de son crâne luisante et polie comme du marbre, le digne *squire* était confus et honteux de sa présomption; il se regardait comme un hâbleur, comme un fanfaron. Hâtons-nous de dire, pour disculper Murph de tout soupçon de forfanterie, qu'il avait possédé la chevelure la plus épaisse, la plus dorée qui eût jamais orné le crâne d'un gentilhomme du Yorkshire.

Ordinairement le désappointement de Murph à l'endroit de sa chevelure amusait beaucoup Rodolphe; mais ses pensées étaient alors graves, douloureuses. Pourtant, ne voulant pas augmenter les regrets de son compagnon, il lui dit en souriant avec douceur :

— Écoute-moi, bon Murph : tu paraissais louer sans réserve le bien que j'ai fait à madame Georges...

— Monseigneur...

— Et t'étonner de mon intérêt pour cette pauvre fille perdue?

— Monseigneur, de grâce... J'ai eu tort... j'ai eu tort...

— Non... Je le conçois, les apparences ont pu te tromper... Seulement, comme tu connais ma vie... toute ma vie... comme tu m'aides avec autant de fidélité que de courage dans la tâche que j'ai entreprise... il est de mon devoir... ou, si tu l'aimes mieux, de ma reconnaissance, de te convaincre que je n'agis pas légèrement...

Je le sais, monseigneur.

— Tu connais mes idées au sujet du bien que l'homme peut faire... Secourir d'honorables infortunes qui se plaignent, c'est bien. S'enquérir de ceux qui luttent avec honneur, avec énergie, et leur venir en aide, quelquefois à leur insu,... prévenir à temps la misère ou la tentation, qui mènent au crime... c'est mieux. Réhabiliter à leurs propres yeux, rendre tout à fait honnêtes et bons ceux qui ont conservé purs quelques généreux sentiments au milieu du mépris qui les flétrit, de la misère qui les ronge, de la corruption qui les entoure, et pour cela braver, soi, le contact de cette misère, de cette corruption, de cette fange... c'est mieux encore. Poursuivre d'une haine vigoureuse, d'une vengeance implacable, le vice, l'infamie, le crime, qu'ils rampent dans la boue ou qu'ils trônent sur la soie, c'est justice... Mais secourir aveuglément une misère méritée, mais dégrader l'aumône et la pitié, mais prostituer ces chastes et pieuses consolatrices de mon âme blessée... les prostituer à des êtres indignes, infâmes, cela serait horrible, impie, sacrilége. Ce serait faire douter de Dieu. Et celui qui donne doit y faire croire.

— Monseigneur, je n'ai pas voulu dire que vous aviez indignement placé vos bienfaits.

— Encore un mot, mon vieil ami. Madame Georges et la pauvre fille que je lui ai confiée sont parties de deux points extrêmes pour tomber dans un abîme commun... le malheur. L'une, heureuse, riche, aimée, honorée, douée de toutes vertus, a vu son existence flétrie, brisée, anéantie par le scélérat hypocrite auquel d'aveugles parents l'avaient mariée... Je le dis avec joie, sans moi la malheureuse femme expirait de misère et de besoin; car la honte l'empêchait de s'adresser à personne.

— Ah! monseigneur, lorsque nous sommes arrivés dans cette mansarde, quelle effroyable pauvreté! c'était affreux... affreux!... Et lorsqu'après sa longue maladie elle s'est pour ainsi dire réveillée ici, dans cette maison si calme, quelle surprise! quelle reconnaissance! Vous avez raison, monseigneur, voir secourir de telles infortunes, cela fait croire à Dieu.....

— Et c'est honorer Dieu que de les secourir; je le reconnais, rien n'est plus céleste que la vertu sereine et réfléchie, rien n'est plus respectable qu'une femme comme madame Georges, qui, élevée par une mère pieuse et bonne dans une intelligente observance de tous les devoirs, n'y a jamais failli... jamais!!! et a vaillamment traversé les plus effroyables épreuves... Mais n'est-ce pas aussi honorer Dieu, dans ce qu'il a de plus divin, que de retirer de la fange une de ces rares natures qu'il s'est complu à douer?... Ne mérite-t-elle pas aussi pitié, intérêt, respect... oui, respect, la malheureuse enfant qui, abandonnée à son seul instinct; qui, torturée, emprisonnée, avilie, souillée, a saintement conservé, au fond de son cœur, les nobles germes que Dieu y avait semés? Si tu l'avais entendue, cette pauvre créature... au premier mot d'intérêt que je lui ai dit, à la première parole honnête et amie qu'elle ait entendue... comme les plus charmants instincts, les goûts les plus purs, les pensées les plus délicates, les plus poétiques, se sont éveillés en foule dans son âme ingénue, de même qu'au printemps les mille fleurs sauvages des prairies éclosent au moindre rayon de soleil... sans le savoir! Dans cet entretien d'une heure avec un pauvre ouvrier, j'ai découvert, dans Fleur-de-Marie, des trésors de bonté, de grâce, de sagesse, oui, de sagesse, mon vieux Murph. Un sourire m'est venu aux lèvres et une larme m'est venue aux yeux, lorsque dans son gentil babil, rempli de raison, elle m'a prouvé que je devais économiser quarante sous par jour, pour être au dessus du besoin et des mauvaises tentations. Pauvre petite, elle disait cela d'un ton si sérieux, si pénétré! elle éprouvait une si douce satisfaction à me donner un sage conseil, une si douce joie à m'entendre promettre que je le suivrais!.. J'étais ému... oh! ému jusqu'aux larmes, je te l'ai dit... Et l'on m'accuse d'être blasé, dur, inflexible... oh! non, non, grâce à Dieu! quelquefois je sens encore mon cœur battre ardent et généreux... Mais toi-même tu es attendri, mon vieil ami... Allons, Fleur-de-Marie ne sera pas jalouse de madame Georges, tu t'intéresses aussi à son sort...

— C'est vrai, monseigneur... ce trait de vous faire économiser quarante sous par jour... vous croyant ouvrier... au lieu de vous engager à faire de la dépense pour elle... oui, ce trait là me touche plus qu'il ne le devrait peut-être.

— Et quand je songe que cette enfant a une mère riche, honorée, dit-on, qui l'a indignement abandonnée... Oh! si cela est... je le saurai, je l'espère... et je te dirai comment. Oh! si cela est! malheur... malheur à cette femme! Elle aura une terrible expiation à subir... Murph, Murph... jamais je ne me suis senti des élans de haine plus implacable qu'en songeant à cette femme que je ne connais pas. Tu le sais, Murph... tu le sais... certaines vengeances me sont bien chères.... certaines souffrances bien précieuses... j'ai bien soif de certaines larmes !

— Hélas ! monseigneur — dit Murph affligé de l'expression d'infernale méchanceté qui se peignait sur les traits de Rodolphe en parlant ainsi — je le sais, ceux qui méritent intérêt et compassion ont souvent dit de vous : — *C'est donc un bon ange !* — Ceux qui méritent mépris et haine se sont écriés, en vous maudissant, dans leur désespoir : — *C'est donc le démon !...*

— Tais-toi, voici madame Georges et Marie.... Fais tout préparer pour notre départ ; il faut être à Paris de bonne heure.

CHAPITRE XIV.

LES ADIEUX.

Marie (désormais nous donnerons ce nom à la Goualeuse), grâce aux soins de madame Georges, n'était plus reconnaissable.

Un joli bonnet rond à la paysanne et deux épais bandeaux de cheveux blonds encadraient la figure virginale de la jeune fille. Un ample fichu de mousseline blanche se croisait sur son sein et disparaissait à demi sous la haute bavette carrée d'un petit tablier de taffetas changeant, dont les reflets bleus et roses miroitaient sur le fond sombre d'une robe carmélite qui semblait avoir été faite pour Marie.

Sa physionomie était profondément recueillie; certaines félicités jettent l'âme dans une ineffable tristesse, dans une sainte mélancolie.

Rodolphe ne fut pas surpris de la gravité de Marie, il s'y attendait. Joyeuse et babillarde, il aurait eu d'elle une idée moins élevée.

Avec un tact parfait, il ne lui fit pas le moindre compliment sur sa beauté, qui brillait pourtant ainsi du plus pur éclat.

Rodolphe sentait qu'il y avait quelque chose de solennel, d'auguste, dans cette espèce de rédemption d'une âme arrachée au vice...

On voyait sur les traits sérieux et résignés de madame Georges la trace de longues souffrances, de profonds chagrins; elle regardait Marie avec une mansuétude, une compassion déjà presque maternelle, tant la grâce et la douceur de cette jeune fille étaient sympathiques.

— Voilà *mon enfant...* qui vient vous remercier de vos bontés, monsieur Rodolphe — dit madame Georges en présentant Marie à Rodolphe.

A ces mots de *mon enfant*, la Goualeuse tourna lentement ses grands yeux vers sa

LES ADIEUX.

protectrice, et la contempla pendant quelques moments avec une expression de reconnaissance inexprimable.

— Merci pour Marie, ma chère madame Georges; elle est digne de ce tendre intérêt... elle le méritera toujours.

— Monsieur Rodolphe — dit Marie d'une voix tremblante — vous comprenez... n'est-ce pas, que je ne trouve rien à vous dire?..

— Votre émotion me dit tout, Marie...

— Oh! elle sent combien le bonheur qui lui arrive est providentiel — dit madame Georges attendrie. — Son premier mouvement, en entrant dans ma chambre, a été de se jeter à genoux devant mon crucifix.

— C'est que maintenant, grâce à vous, monsieur Rodolphe... j'ose prier... — dit Marie en regardant son ami.

Murph se retourna brusquement : son flegme d'Anglais, sa dignité de *squire* ne lui permettaient pas de laisser voir à quel point le touchaient les simples paroles de Marie.

Rodolphe dit à la jeune fille :

— Mon enfant, j'aurais à causer avec madame Georges... Mon ami Murph vous conduira dans la ferme... et vous fera faire connaissance avec vos futurs protégés... nous vous rejoindrons tout à l'heure... Eh bien! Murph... Murph, tu ne m'entends pas?...

Le bon gentilhomme tournait alors le dos, et feignait de se moucher avec un bruit, un retentissement formidable; il remit son mouchoir dans sa poche, enfonça son chapeau sur ses yeux, et, se retournant à demi, il offrit son bras à Marie.

Murph avait si habilement manœuvré, que ni Rodolphe, ni madame Georges ne purent apercevoir son visage. Prenant le bras de la jeune fille, il se dirigea rapidement vers les bâtiments de la ferme, en marchant si vite que, pour le suivre, la Goualeuse fut obligée de courir, comme elle courait dans son enfance après la Chouette.

— Eh bien! madame Georges, que pensez-vous de Marie? — dit Rodolphe.

— Monsieur Rodolphe, je vous l'ai dit : à peine entrée dans ma chambre... voyant mon Christ, elle a couru s'agenouiller... Il m'est impossible de vous exprimer tout ce qu'il y a eu de spontané, de naturellement religieux dans ce mouvement. J'ai compris à l'instant que son âme n'était pas dégradée. Et puis, monsieur Rodolphe, l'expression de sa reconnaissance pour vous n'a rien d'exagéré... d'emphatique; elle n'en est que plus sincère. Encore un mot qui vous prouvera combien l'instinct religieux est puissant en elle; je lui ai dit : — Vous avez dû être bien étonnée, bien heureuse, lorsque M. Rodolphe vous a annoncé que vous resteriez ici désormais?.. Quelle profonde impression cela a dû vous causer!.. — « Oh! oui — m'a-t-elle répondu; — quand M. Rodolphe m'a dit cela, alors je ne sais ce qui s'est passé en moi tout à coup; mais j'ai éprouvé l'espèce de bonheur pieux, de saint respect que j'éprouvais lorsque j'entrais dans une église... quand je pouvais y entrer » —a-t-elle ajouté— « car vous savez, madame... » — Je ne l'ai pas laissée achever en voyant sa figure se couvrir de honte. — Je sais, mon enfant... et je vous appellerai toujours mon enfant... si vous le voulez-bien... je sais que vous avez beaucoup souffert : mais Dieu bénit ceux qui l'aiment et ceux qui le craignent... ceux qui ont été malheureux et ceux qui se repentent...

— Allons, ma bonne madame Georges, je suis doublement content de ce que j'ai fait. Cette pauvre fille vous intéressera..... Vous n'aurez qu'à semer pour recueillir ; vous avez deviné juste, ses instincts sont excellents.

— Ce qui m'a encore touchée, monsieur Rodolphe, c'est qu'elle ne s'est pas permis la moindre question sur vous, quoique sa curiosité dût être bien excitée. Frappée de cette réserve pleine de délicatesse, je voulus savoir si elle en avait la conscience. Je lui dis : Vous devez être bien curieuse de savoir qui est votre mystérieux bienfaiteur ? — *Je le sais...* — me répondit-elle avec une naïveté charmante ; — *il s'appelle mon bienfaiteur.*

— Ainsi donc vous l'aimerez ? Excellente femme, sa compagnie vous sera douce... Elle occupera du moins un peu votre cœur....

— Oui, je m'occuperai d'elle.... comme je me serais occupé de *lui* — dit madame Georges d'un voix déchirante.

Rodolphe lui prit la main.

LES ADIEUX.

— Allons, allons, ne vous découragez pas encore... Si nos recherches ont été vaines jusqu'ici... peut-être un jour...

Madame Georges secoua tristement la tête, et dit amèrement :

— Mon pauvre fils aurait vingt ans maintenant!...

— Dites donc qu'il a cet âge.

— Dieu vous entende et vous exauce, monsieur Rodolphe!...

— Il m'exaucera... je l'espère bien.... Hier j'étais allé (mais en vain) chercher un certain drôle surnommé *Bras-Rouge*, qui pouvait peut-être, m'avait-on dit, me renseigner sur votre fils. En descendant de chez Bras-Rouge, à la suite d'une rixe, j'ai rencontré cette malheureuse enfant...

— Hélas! tant mieux!... au moins votre bonne résolution pour moi vous a mis sur la voie d'une nouvelle infortune, monsieur Rodolphe.

— Depuis long-temps d'ailleurs je voulais explorer ces classes misérables... presque certain qu'il y avait là aussi quelques âmes à enlever au vieux Satan, que je m'amuse à contrecarrer souvent — ajouta Rodolphe en souriant — et à qui je dérobe quelquefois ses meilleurs morceaux. — Puis il reprit d'un ton plus sérieux : — Vous n'avez aucune nouvelle de Rochefort ?

— Aucune — dit madame Georges à voix basse, en tressaillant.

— Tant mieux !... ce monstre aura trouvé la mort dans les bancs de vase en cherchant à s'évader.... Son signalement est assez répandu ; c'est un scélérat assez redoutable pour qu'on ait mis toute l'activité possible à le découvrir... et depuis six mois environ qu'il a disparu du ba....

Rodolphe s'arrêta au moment de prononcer cet horrible mot.

— Du bagne ! oh ! dites-le... du bagne !... — s'écria la malheureuse femme avec horreur et d'une voix presque égarée. — Le père de mon fils !... Ah ! si ce malheureux enfant vit encore... si, comme moi, il n'a pas changé de nom, quelle honte... quelle honte ! Et cela n'est rien encore.... Son père a peut-être tenu son horrible promesse... Ah ! monsieur Rodolphe, pardonnez-moi ; mais, malgré vos bienfaits, je suis encore bien malheureuse!...

— Pauvre femme, calmez-vous.

— Quelquefois il me prend d'horribles frayeurs; je me figure que mon mari s'est échappé sain et sauf de Rochefort; qu'il me cherche pour me tuer, comme il a peut-être tué notre enfant; car enfin, qu'en a-t-il fait? qu'en a-t-il fait?

— Ce mystère est le tombeau de mon esprit — dit Rodolphe d'un air pensif; — dans quel intérêt ce misérable a-t-il emporté votre fils, lorsqu'il y a quinze ans, m'avez-vous dit, il a tenté de passer en pays étranger? Un enfant de cet âge ne pouvait qu'embarrasser sa fuite.

— Hélas! monsieur Rodolphe, lorsque mon *mari* (la malheureuse frissonna en prononçant ce mot), arrêté sur la frontière, a été ramené à Paris et jeté dans la prison, où l'on m'a permis de pénétrer, ne m'a-t-il pas dit ces horribles paroles : « J'ai emporté ton enfant parce que tu l'aimes, et que c'est un moyen de te forcer de m'envoyer de l'argent, dont il profitera, ou dont il ne profitera pas... ça me regarde... Qu'il vive ou qu'il meure, peu t'importe.... mais s'il vit, il sera entre bonnes mains : tu boiras la honte du fils comme tu as bu la honte du père. » Hélas ! un mois après, mon mari était condamné pour la vie... Depuis... les instances, les prières dont mes lettres étaient remplies, tout a été vain ; je n'ai rien pu savoir sur le sort de cet enfant... Ah ! monsieur Rodolphe, mon fils? où est-il à présent ? Ces épouvantables paroles me reviennent toujours à la pensée : « Tu boiras la honte du fils comme tu as bu celle du père. »

— Mais ce serait une atrocité inexplicable ; pourquoi vicier, corrompre ce malheureux enfant? pourquoi surtout vous l'enlever ?

— Je vous l'ai dit, monsieur Rodolphe, pour me forcer à lui envoyer de l'argent ; quoiqu'il m'ait ruinée, il me restait quelques dernières ressources qui s'épuisèrent ainsi. Malgré sa scélératesse, je ne pouvais croire qu'il n'employât au moins une partie de cette somme à faire élever ce malheureux enfant...

— Et votre fils n'avait aucun signe, aucun indice qui pût servir à le faire reconnaître?

— Aucun autre que celui dont je vous ai parlé, monsieur Rodolphe : un petit saint-esprit sculpté en lapis-lazuli, attaché à son cou par une chaînette d'argent; cette relique, bénie par le Saint-Père, venait de ma mère, elle l'avait portée étant petite, et y attachait une grande vénération. Je l'avais aussi portée; je l'avais de même mise au cou de mon fils! Hélas! ce talisman a perdu sa vertu.

— Qui sait, bonne mère? Dieu est tout-puissant.

— La Providence ne m'a-t-elle pas placée sur votre chemin, monsieur Rodolphe?

— Trop tard, ma bonne madame Georges, trop tard. Je vous aurais épargné peut-être bien des années de chagrin...

— Ah! monsieur Rodolphe, ne m'avez-vous pas comblée?

— En quoi? J'ai acheté cette ferme. Au temps de votre prospérité, vous faisiez, par goût, valoir vos biens; vous avez consenti à me servir de régisseur; grâce à vos soins excellents, à votre intelligente activité, cette métairie me rapporte....

— Vous rapporte, monseigneur? — dit madame Georges interrompant Rodolphe — n'est-ce pas moi qui paie le fermage à notre bon abbé Laporte? Et cette somme n'est-elle pas, selon vos ordres, distribuée par lui en aumônes?

— Eh bien! n'est-ce pas un excellent rapport? Mais vous avez fait prévenir ce cher abbé de mon arrivée, n'est-ce pas? Je tiens à lui recommander ma protégée.... Il a reçu ma lettre?

— M. Murph la lui a portée ce matin en arrivant.

— Dans cette lettre, je racontais en peu de mots, à notre bon curé, l'histoire de cette pauvre enfant; je n'étais pas certain de pouvoir venir aujourd'hui... Dans ce cas, Murph vous aurait amené Marie.

Un valet de ferme interrompit cet entretien qui avait eu lieu dans le jardin.

— Madame, monsieur le curé vous attend.

— Les chevaux de poste sont-ils arrivés, mon garçon? — dit Rodolphe.

— Oui, monsieur Rodolphe; on attelle.

Et le valet quitta le jardin.

Madame Georges, le curé et les habitants de la ferme ne connaissaient le protecteur de

Fleur-de-Marie que sous le nom de monsieur Rodolphe.

La discrétion de Murph était impénétrable; autant il mettait de ponctualité à *monseigneuriser* Rodolphe dans le tête-à-tête, autant devant les étrangers il avait soin de ne jamais l'appeler autrement que *monsieur Rodolphe*.

— J'oubliais de vous prévenir, ma chère madame Georges — dit Rodolphe en regagnant la maison — que Marie a, je crois, la poitrine faible; les privations, la misère ont altéré sa santé. Ce matin, au grand jour, j'ai été frappé de sa pâleur, quoique ses joues fussent colorées d'un rose vif; ses yeux aussi m'ont paru briller d'un éclat un peu fébrile... Il lui faudra de grands soins.

— Comptez sur moi, monsieur Rodolphe. Mais, Dieu merci ! il n'y a rien de grave.... A cet âge... à la campagne, au bon air, avec du repos, du bonheur, elle se remettra vite.

— Je le crois... mais il n'importe : je ne me fie pas à vos médecins de campagne... je dirai à Murph d'amener ici un docteur habile... et il indiquera le meilleur régime à suivre. Vous me donnerez souvent des nouvelles de Marie.... Dans quelque temps, lorsqu'elle sera bien reposée, bien calmée, nous songerons à son avenir..... Peut-être vaudrait-il mieux pour elle de rester toujours auprès de vous.... si son caractère et sa conduite vous conviennent.

— Ce serait mon désir, monsieur Rodolphe... Elle me tiendrait lieu de l'enfant que je regrette tous les jours.

— Enfin, espérons pour vous, espérons pour elle.

Au moment où Rodolphe et madame Georges approchaient de la ferme, Murph et Marie arrivaient de leur côté.

Marie était animée par la promenade. Rodolphe fit remarquer à madame Georges la coloration des pommettes de la jeune fille, couleurs vives, circonscrites, qui contrastaient beaucoup avec la blancheur délicate de son teint.

Le digne gentilhomme abandonna le bras de la Goualeuse et vint dire à l'oreille de Rodolphe, d'un air presque confus :

— Cette petite fille m'a ensorcelé ; je ne

sais pas maintenant qui m'intéresse le plus d'elle ou de madame Georges..... J'étais une bête sauvage et féroce.

— Ne t'arrache pas les cheveux pour cela, vieux Murph — dit Rodolphe en souriant et en serrant la main du *squire*.

Madame Georges, s'appuyant sur le bras de Marie, entra avec elle dans le petit salon du rez-de-chaussée, où attendait l'abbé Laporte...

Murph alla veiller aux préparatifs du départ.

Madame Georges, Marie, Rodolphe et le curé restèrent seuls.

Simple, mais très-confortable, ce petit salon était tendu et meublé de toile perse, comme le reste de la maison, d'ailleurs exactement dépeinte à la Goualeuse par Rodolphe.

Un épais tapis couvrait le plancher, un bon feu flambait dans l'âtre, et deux énormes bouquets de reines-marguerites de toutes couleurs, placés dans deux vases de cristal, répandaient dans cette pièce leur légère odeur balsamique.

A travers les persiennes vertes à demi fermées, on voyait la prairie, la petite rivière, et au-delà le coteau planté de châtaigniers.

L'abbé Laporte, assis auprès de la cheminée, avait quatre-vingts ans passés; depuis les derniers jours de la révolution il desservait cette pauvre paroisse.

On ne pouvait rien voir de plus vénérable, de plus doucement imposant que sa physionomie sénile, amaigrie et un peu souffrante, encadrée de longs cheveux blancs qui tombaient sur le collet de sa soutane noire, rapiécée en plus d'un endroit, l'abbé aimant mieux, disait-il, habiller deux ou trois pauvres enfants d'un bon drap bien chaud, que *de faire le muguet*, c'est-à-dire garder ses soutanes moins de deux ou trois ans.

Le bon abbé était si vieux, si vieux, que ses mains tremblaient toujours; il y avait quelque chose de touchant dans ce mouvement; aussi, lorsque quelquefois il les élevait en parlant, on eût dit qu'il bénissait.

Rodolphe observait Marie avec intérêt.

S'il l'eût moins connue, ou plutôt moins devinée, il se fût peut-être étonné de la voir approcher de l'abbé avec une sorte de pieuse sérénité.

L'admirable instinct de Marie lui disait que la honte finit où le repentir et l'expiation commencent.

— Monsieur l'abbé — dit respectueusement Rodolphe — madame Georges veut bien se charger de cette jeune fille... pour laquelle je vous demande vos bontés.

— Elle y a droit, monsieur, comme tous ceux qui viennent à nous... La clémence de Dieu est inépuisable, ma chère enfant... il vous l'a prouvé en ne vous abandonnant pas... dans de bien douloureuses épreuves... Je sais tout...

— Et il prit la main de Marie dans ses mains tremblantes et vénérables. — L'homme généreux qui vous a sauvée a réalisé cette parole de l'Écriture : « *Le Seigneur est près de ceux qui l'invoquent; il accomplira les désirs de ceux qui le redoutent; il écoutera leurs cris, et il les sauvera.* » Maintenant, méritez ses bontés par votre conduite; vous me trouverez toujours pour vous encourager, pour vous soutenir... dans la bonne voie où vous entrez. Vous aurez dans madame Georges un exemple de tous les jours... en moi un conseil vigilant... le Seigneur terminera son œuvre...

— Et je le prierai pour ceux qui ont eu pitié de moi, et qui m'ont ramenée à lui, mon père... — dit la Goualeuse.

Par un mouvement presque involontaire, elle se jeta à genoux devant le prêtre.

L'émotion était trop forte, les sanglots l'étouffaient.

Madame Georges, Rodolphe, l'abbé... étaient profondément touchés.

— Relevez-vous, ma chère enfant — dit le curé — vous mériterez bientôt... l'absolution de grandes fautes dont vous avez été plutôt victime que coupable; car, pour parler encore avec le prophète : « *Le Seigneur soutient tous ceux qui sont près de tomber, et il relève tous ceux qu'on accable.* »

— Adieu, Marie — lui dit Rodolphe en lui donnant une petite croix d'or, dite à la Jeannette, attachée à un ruban de velours noir; il ajouta : — Gardez cette petite croix en souvenir de moi; j'y ai fait graver ce matin la date du jour de votre délivrance... de votre rédemption... Bientôt je reviendrai vous voir.

Marie porta la croix à ses lèvres.

Murph, à ce mouvement, ouvrit la porte du salon.

LES ADIEUX.

— Monsieur Rodolphe, les chevaux sont prêts...

— Adieu, mon père... adieu, ma bonne madame Georges... Je vous recommande votre enfant... Encore adieu, Marie...

Le vénérable prêtre, appuyé sur le bras de madame Georges et de la Goualeuse, qui soutenaient ses pas chancelants, sortit du salon pour voir partir Rodolphe.

Les derniers rayons du soleil coloraient vivement ce groupe intéressant et triste :

Un vieux prêtre, symbole de charité, de pardon et d'espérance éternelle ;

Une femme éprouvée par toutes les douleurs qui peuvent accabler une épouse, une mère... ;

Une jeune fille sortant à peine de l'enfance, naguère jetée dans l'abîme du vice par la misère et par l'infâme obsession du crime.

Rodolphe monta en voiture, Murph prit place à ses côtés...

Les chevaux partirent au galop.

CHAPITRE XV.

LE RENDEZ-VOUS.

Le lendemain du jour où il avait confié la Goualeuse aux soins de madame Georges, Rodolphe, toujours vêtu en ouvrier, se trouvait à midi précis à la porte du cabaret le *Panier-Fleuri*, situé non loin de la barrière de Bercy.

La veille, à dix heures du soir, le Chourineur s'était exactement trouvé au rendez-vous que lui avait assigné Rodolphe. La suite de ce récit fera connaître le résultat de ce rendez-vous.

Il était donc midi, il pleuvait à torrents; la Seine, gonflée par des pluies presque continuelles, avait atteint une hauteur énorme et inondait une partie du quai.

Rodolphe regardait de temps à autre avec impatience du côté de la barrière ; enfin, avisant au loin un homme et une femme qui s'avançaient abrités par un parapluie, il reconnut la Chouette et le Maître d'école.

Ces deux personnages étaient complétement métamorphosés : le brigand avait abandonné ses méchants habits et son air de brutalité féroce ; il portait une longue redingote de castorine verte et un chapeau rond ; sa cravate et sa chemise étaient d'une extrême blancheur. Sans l'épouvantable hideur de ses traits et le fauve éclat de son regard, toujours ardent et mobile, on eût pris cet homme, à sa démarche paisible, assurée, pour un honnête bourgeois.

La borgnesse, aussi endimanchée, portait un bonnet blanc, un grand châle en bourre de soie, façon cachemire, et tenait à la main un vaste cabas.

La pluie avait un moment cessé, Rodolphe surmonta un mouvement de dégoût, et marcha droit au couple affreux.

A l'argot du tapis-franc le Maître d'école avait substitué un langage presque recherché, qui paraissait d'autant plus horrible qu'il annonçait un esprit cultivé et qu'il contrastait avec les forfanteries sanguinaires de ce brigand.

Lorsque Rodolphe s'approcha de lui, le Maître d'école le salua profondément ; la Chouette fit la révérence.

— Monsieur... votre très-humble serviteur... — dit le Maître d'école. — A vous rendre mes devoirs, enchanté de faire... ou plutôt de refaire votre connaissance... car avant-hier vous m'avez octroyé deux coups de poing à assommer un rhinocéros... Mais ne parlons pas de cela maintenant; c'était une plaisanterie de votre part... j'en suis sûr... une simple plaisanterie... N'y pensons plus... de graves intérêts nous rassemblent... J'ai vu, hier soir à onze heures, le Chourineur au tapis-franc ; je lui ai donné rendez-vous ici ce matin, dans le cas où il voudrait être notre collaborateur ; mais il paraît qu'il refuse décidément.

— Vous acceptez donc?

— Si vous vouliez, monsieur... votre nom?

— Rodolphe.

— Monsieur Rodolphe... nous entrerions

au *Panier-Fleuri*... ni moi ni madame nous n'avons pas déjeuné... Nous parlerions de nos petites affaires en cassant une croûte.

— Volontiers.

— Nous pouvons toujours causer en marchant; vous et le Chourineur devez sans reproche un dédommagement à ma femme et à moi.... Vous nous avez fait perdre plus de 2,000 fr. La Chouette avait rendez-vous, près de Saint-Ouen, avec un grand monsieur en deuil qui était venu vous demander l'autre soir au tapis-franc; il proposait 2,000 fr. pour vous faire quelque chose... Le Chourineur m'a à peu près expliqué cela... Mais j'y pense, Finette — dit le brigand — va choisir un cabinet au *Panier-Fleuri*, et commander le déjeuner : des côtelettes, un morceau de veau, une salade et deux bouteilles de vin de Beaune-première; nous te rejoignons.

La Chouette n'avait pas un instant quitté Rodolphe du regard; elle partit après avoir échangé un coup d'œil avec le Maître d'école. Celui-ci reprit :

— Je vous disais donc, monsieur Rodolphe,

que le Chourineur m'avait édifié sur cette proposition de 2,000 fr.

— Qu'est-ce que ça signifie, *édifier?*

— C'est juste... ce langage est un peu ambitieux pour vous; je voulais dire que le Chourineur m'avait à peu près appris ce que voulait de vous le grand monsieur en deuil, avec ses 2,000 fr.

— Bien, bien...

— Ça n'est pas déjà si bien, jeune homme; car le Chourineur ayant rencontré hier matin la Chouette près de Saint-Ouen, il ne l'a pas quittée d'une semelle dès qu'il a vu arriver le grand monsieur en deuil; de sorte que celui-ci n'a pas osé approcher. C'est donc 2,000 fr. qu'il faut que vous nous fassiez regagner, sans compter 500 fr. pour un portefeuille que nous devions rendre, mais que nous n'aurions pas d'ailleurs rendu, inspection faite des papiers qui nous ont paru valoir mieux que ça.

— Il contient donc de grandes valeurs?

— Il contient des papiers qui m'ont paru fort curieux, quoique la plupart soient écrits en anglais; et je les garde là — dit le brigand en frappant sur la poche de côté de sa redingote.

En apprenant que le Maître d'école avait encore les papiers saisis l'avant-veille sur Tom, Rodolphe fut très-satisfait; ils étaient pour lui d'une haute importance. Ses instructions au Chourineur n'avaient pas eu d'autre but que d'empêcher Tom de s'approcher de la Chouette; celle-ci garderait alors le portefeuille, et Rodolphe espérait s'en rendre possesseur.

— Je garde donc ces papiers comme une poire pour la soif,— dit le brigand; — car j'ai trouvé l'adresse du monsieur en deuil, et, d'une façon ou d'une autre, je le reverrai.

— Nous pourrons faire affaire si vous voulez; si notre coup réussit, je vous acheterai ces papiers; moi qui connais l'homme, ça me va mieux qu'à vous.

— Nous verrons... Mais d'abord revenons à nos moutons.

— Eh bien! donc, j'avais proposé une affaire superbe au Chourineur; il avait d'abord accepté, puis il s'est dédit.

— Il a toujours eu des idées singulières...

— Mais en se dédisant il m'a observé...

— Il vous a fait observer...

— Diable... vous êtes à cheval sur la grammaire.

— Maître d'école, c'est mon état.

— Il m'a fait observer que s'il ne mangeait pas de *pain rouge* il ne fallait pas en dégoûter les autres, et que vous pourriez me donner un coup de main.

— Et pourrais-je savoir, sans indiscrétion, pourquoi vous aviez donné rendez-vous au Chourineur hier matin à Saint-Ouen? ce qui lui a procuré l'avantage de rencontrer la Chouette? il a été embarrassé pour me répondre à ce sujet.

Rodolphe se mordit imperceptiblement les lèvres, et répondit en haussant les épaules :

— Je le crois bien, je ne lui avais dit mon projet qu'à moitié... vous comprenez... ne sachant pas s'il était tout à fait décidé.

— C'était plus prudent...

— D'autant plus prudent que j'avais deux cordes à mon arc.

— Ah, bah !...

— Certainement.

— Vous êtes homme de précaution... Vous aviez donc donné rendez-vous au Chourineur à Saint-Ouen pour...

Rodolphe, après un moment d'hésitation, eut le bonheur de trouver une fable vraisemblable pour couvrir la maladresse du Chourineur; il reprit :

— Voici l'affaire... Le coup que je propose est très-bon, parce que le maître de la maison en question est à la campagne... toute ma peur était qu'il revienne. Pour être tranquille, je me dis : Je n'ai qu'une chose à faire...

— C'était de vous assurer de la présence réelle dudit maître à la campagne.

— Comme vous dites... Je pars donc pour Pierrefitte, où est sa maison de campagne... j'ai ma cousine, domestique là... vous comprenez?

— Parfaitement, mon gaillard. Eh bien?

— Ma cousine m'a dit que son maître ne revenait à Paris qu'après-demain...

— Après-demain?

— Oui.

— Très-bien. Mais j'en reviens à ma question... pourquoi donner rendez-vous au Chourineur à Saint-Ouen?

— Vous n'êtes guère intelligent... Combien y a-t-il de Pierrefitte à Saint-Ouen?

— Une lieue environ.

— Et de Saint-Ouen à Paris?

— Autant.

— Eh bien! si je n'avais trouvé personne à Pierrefitte, c'est-à-dire la maison déserte.... il y avait là aussi un bon coup à faire... moins bon qu'à Paris, mais passable... Je revenais à Saint-Ouen rechercher le Chourineur qui m'attendait. Nous retournions à Pierrefitte par un chemin de traverse que je connais; et...

— Je comprends. Si, au contraire, le coup était pour Paris?...

— Nous gagnions la barrière de l'Étoile par le chemin de la Révolte, et de là à l'allée des Veuves...

— Il n'y a qu'un pas... c'est tout simple. A Saint-Ouen vous étiez à cheval sur vos deux opérations... cela était fort adroit. Maintenant je m'explique la présence du Chourineur à Saint-Ouen... Nous disons donc que la maison de l'allée des Veuves sera inhabitée jusqu'à après-demain...

— Inhabitée... sauf le portier.

— Bien entendu... Et c'est une opération avantageuse ?

— Ma cousine m'a parlé de soixante mille francs en or dans le cabinet de son maître.

— Et vous connaissez les êtres ?

—Comme ma poche... ma cousine est là depuis un an... et c'est à force de l'entendre parler des sommes que son maître retire de la Banque pour les placer autrement que l'idée m'est venue... Comme le portier est vigoureux, j'en avais parlé au Chourineur... il avait, après bien des façons, consenti... mais il a rechigné... Du reste, il n'est pas capable de vendre un ami.

— Non, il a du bon... Mais nous voici arrivés. Je n sais pas si vous êtes comme moi, mais l'air du matin m'a donné de l'appétit...

La Chouette était sur le seuil de la porte du cabaret.

— Par ici — dit-elle — par ici!... j'ai commandé notre déjeuner.

Rodolphe voulut faire passer le brigand devant lui; il avait pour cela ses raisons... mais le Maître d'école mit tant d'instance à se défendre de cette politesse, que Rodolphe passa d'abord.

Avant de se mettre à table, le Maître d'école frappa légèrement sur l'une et l'autre des cloisons, afin de s'assurer de leur épaisseur et de leur sonorité.

— Nous n'aurons pas besoin de parler trop bas — dit-il — la cloison n'est pas mince. On nous servira tout d'un coup, et nous ne serons pas dérangés dans notre conversation.

Une servante de cabaret apporta le déjeuner.

Avant que la porte fût fermée, Rodolphe vit le charbonnier Murph gravement attablé dans un cabinet voisin.

La chambre où se passait la scène que nous décrivons était longue, étroite, et éclairée par une fenêtre qui donnait sur la rue et faisait face à la porte.

La Chouette tournait le dos à cette croisée, le Maître d'école était d'un côté de la table, Rodolphe de l'autre.

La servante sortie, le brigand se leva, prit son couvert et alla s'asseoir à côté de Rodolphe de façon à lui masquer la porte.

— Nous causerons mieux — dit-il — et nous n'aurons pas besoin de parler si haut...

— Et puis vous voulez vous mettre entre la porte et moi pour m'empêcher de sortir — répliqua froidement Rodolphe.

Le Maître d'école fit un signe affirmatif; puis, tirant à demi de la poche de côté de sa redingote un long stylet rond et gros comme une forte plume d'oie, emmanché dans une poignée de bois qui disparaissait sous ses doigts velus :

— Vous voyez ça ?...

— Oui...

— Avis aux amateurs.

Et fronçant ses sourcils par un mouvement qui rida son front large et plat comme celui d'un tigre, il fit un geste significatif.

— Et fiez-vous à moi. J'ai affilé le *surin* (1) de mon homme — ajouta la Chouette

— Rodolphe, avec une merveilleuse aisance, mit la main sous sa blouse, et en tira un pistolet à deux coups, le fit voir au Maître d'école et le remit dans sa poche.

(1) Poignard.

— Nous sommes faits pour nous entendre — dit le brigand — mais vous ne m'entendez pas... Je vais supposer l'impossible... Si on venait m'arrêter, que vous m'ayez ou non tendu la souricière... je vous refroidirais!

Et il jeta un regard féroce sur Rodolphe.

— Tandis que moi je saute sur lui pour t'aider, fourline — s'écria la Chouette.

Rodolphe ne répondit rien, haussa les épaules, se versa un verre de vin et le but.

Ce sang-froid imposa au Maître d'école.

— Je vous prévenais seulement.

— Bien, bien! renfoncez votre lardoire dans votre poche, il n'y a pas ici de poulet à larder. Je suis un vieux coq, et j'ai de bons ergots, mon homme — dit Rodolphe. — Maintenant parlons affaires...

— Parlons affaires... mais ne dites pas de mal de ma lardoire. Ça ne fait pas de bruit, ça ne dérange personne...

— Et on fait de l'ouvrage bien propre, n'est-ce pas, fourline? ajouta la Chouette.

— A propos — dit Rodolphe à la Chouette, — est-ce que c'est vrai que vous connaissez les parents de la Goualeuse?

— Mon homme a mis dans le portefeuille du grand *messière* en noir deux lettres qui parlent de ça... Mais elle ne les verra pas, la petite *gironde*... Je lui arracherais plutôt les yeux de ma propre main... Oh! quand je la retrouverai au tapis-franc, son compte sera bon...

— Ah çà! Finette, nous parlons, nous parlons... et les affaires ne marchent pas.

— On peut *jaspiner* devant elle? — demanda Rodolphe.

— En toute confiance; elle est éprouvée et pourra nous être d'un grand secours pour faire le guet, prendre des informations, recéler, vendre, etc.; elle a toutes les qualités d'une excellente femme de ménage... Bonne Finette! — ajouta le brigand en tendant la main à l'horrible vieille — vous n'avez pas d'idée des services qu'elle m'a rendus..... Mais si tu ôtais ton châle, Finette... tu pourrais avoir froid en sortant... mets-le sur la chaise avec ton cabas...

La Chouette se débarrassa de son châle.

Malgré sa présence d'esprit et l'empire qu'il avait sur lui-même, Rodolphe ne put retenir un mouvement de surprise en voyant, suspendu par un anneau d'argent à une grosse chaîne de similor que la vieille avait au cou, un petit saint-esprit de lapis-lazuli, en tout conforme à la description de celui que le fils de madame Georges portait à son cou lors de sa disparition.

A cette découverte, une idée subite vint à l'esprit de Rodolphe. Selon le Chourineur, le Maître d'école, évadé du bagne depuis six mois, avait mis en défaut toutes les recherches de la police en se défigurant... et depuis six mois le mari de madame Georges avait disparu du bagne, sans qu'on sût ce qu'il était devenu.

A cet étrange rapprochement, Rodolphe songea que le Maître d'école pouvait bien être le mari de cette infortunée.

Ce misérable avait appartenu à la classe aisée de la société... et le Maître d'école s'exprimait souvent en termes choisis.

Un souvenir en éveille un autre : Rodolphe se rappela encore que madame Georges lui ayant un jour raconté, en frémissant, l'arrestation de son mari, parla de la résistance désespérée de ce monstre, qui fut sur le point de s'échapper, grâce à sa force herculéenne...

Si ce brigand était le mari de madame Georges, il devait connaître le sort de son fils. De plus, le Maître d'école conservait quelques papiers relatifs à la naissance de la Goualeuse dans le portefeuille volé par lui sur l'étranger connu sous le nom de *Tom*.

Rodolphe avait donc de nouveaux et de graves motifs de persévérer dans ses projets.

Heureusement sa préoccupation échappa au brigand, fort occupé de servir la Chouette.

Rodolphe dit à la borgnesse :

— Morbleu !..... vous avez là une belle chaîne...

— Belle... et pas chère... — dit en riant la vieille. — C'est du faux *orient*, en attendant que mon homme m'en donne une de vrai...

— Cela dépendra de monsieur, Finette...si nous faisons une bonne affaire, sois tranquille...

— C'est étonnant comme c'est bien imité — poursuivit Rodolphe. — Et au bout..... qu'est-ce que c'est donc que cette petite chose bleue?

— C'est un cadeau de mon homme, en attendant qu'il me donne une *toquante*.... n'est-ce pas, fourline?

Rodolphe voyait ses soupçons à demi confirmés. Il attendait avec anxiété la réponse du Maître d'école. Celui-ci répondit tout en mangeant :

— Et il faudra garder ça, malgré la toquante, Finette... C'est un talisman... ça porte bonheur...

— Un talisman? — dit négligemment Rodolphe. — Vous croyez aux talismans, vous? Et où diable avez-vous trouvé celui-là?... Donnez-moi donc l'adresse de la fabrique.

— On n'en fait plus, mon cher monsieur, la boutique est fermée..... Tel que vous le voyez, ce bijou-là remonte à une haute antiquité... à trois générations... J'y tiens beaucoup, c'est une tradition de famille — ajouta-t-il avec un hideux sourire — c'est pour cela que je l'ai donné à Finette... pour lui porter bonheur dans les entreprises où elle me seconde avec beaucoup d'habileté... Vous la verrez à l'ouvrage, vous la verrez... si nous faisons ensemble quelque opération *commerciale*..... Mais pour en revenir à nos moutons... vous dites donc que dans l'allée des Veuves...

— Il y a, numéro 17, une maison habitée par un richard... il s'appelle... monsieur...

— Je ne commettrai pas l'indiscrétion de demander son nom... Il y a, dites-vous, 60,000 fr. en or dans un cabinet?

— Soixante mille francs en or! — s'écria la Chouette.

Rodolphe fit un signe de tête affirmatif.

— Et vous connaissez les êtres de cette maison? — dit le Maître d'école.

— Très-bien.

— Et l'entrée est difficile?

— Un mur de sept pieds du côté de l'allée des Veuves, un jardin, les fenêtres de plain-pied, la maison n'a qu'un rez-de-chaussée.

— Et il n'y a qu'un portier pour garder ce trésor?

— Oui!

— Et quel serait votre plan de campagne, jeune homme? — demanda négligemment le Maître d'école.

— C'est tout simple..... monter par-dessus le mur, crocheter la porte de la maison ou forcer le volet en dehors.

— Et si le portier s'éveille? — dit le Maître d'école en regardant fixement le jeune homme.

— Ce sera de sa faute..... — dit celui-ci avec un geste significatif. — Eh bien! ça vous convient-il?

— Vous sentez bien que je ne puis pas vous répondre avant d'avoir tout examiné par moi-même, c'est-à-dire avec l'aide de ma femme; mais si tout ce que vous me dites est exact, cela me semble bon à prendre tout chaud... ce soir.

Et le brigand regarda fixement Rodolphe.

— Ce soir... impossible — répondit froidement celui-ci.

— Pourquoi, puisque le bourgeois ne revient qu'après-demain?

— Oui, mais moi, je ne puis pas ce soir...

— Vraiment? Eh bien! moi, je ne puis pas demain.

— Pour quelle raison?

— Pour celle qui vous empêche d'agir ce soir... — dit le brigand en ricanant.

Après un moment de réflexion, Rodolphe reprit :

— Eh bien! à la bonne heure... va pour ce soir. Où nous retrouverons-nous?

— Nous retrouver? nous ne nous quitterons pas — dit le Maître d'école.

— Comment?

— A quoi bon nous quitter? si le temps s'éclaircit un peu, nous irons en nous promenant donner un coup d'œil jusqu'à l'allée des Veuves; vous verrez comment ma femme sait travailler. Ceci fait, nous reviendrons faire un cent de piquet et manger un morceau dans une cave des Champs-Élysées... que je connais... tout près de la rivière; et comme l'allée des Veuves est déserte de bonne heure, nous nous y acheminerons vers les dix heures.

— Moi, à neuf heures, je vous rejoindrai.

— Voulez-vous ou non faire l'affaire ensemble?

— Je le veux...

— Eh bien! ne nous quittons pas avant ce soir... sinon...

— Sinon?

— Je croirais que vous voulez me *donner*

un pont à faucher (1), et que c'est pour ça que vous voulez vous en aller...

— Si je veux vous tendre un piége... qui m'empêche de vous le tendre ce soir?...

— Tout... vous ne vous attendiez pas à ce que je vous proposerais l'affaire sitôt. Et en ne nous quittant pas, vous ne pourrez prévenir personne...

— Vous vous défiez de moi?..

— Infiniment... mais comme il peut y avoir du vrai dans ce que vous m'offrez, et que la moitié de 60,000 francs vaut la peine d'une démarche... je veux bien la tenter; mais ce soir ou jamais... Si ce n'est jamais, je saurai à quoi m'en tenir sur vous... et je vous servirai à mon tour... un jour ou l'autre, un plat de mon métier...

— Et je vous rendrai votre politesse... comptez-y...

—Tout ça c'est des bêtises!—dit la Chouette. —Je pense comme fourline : ce soir, ou rien.

Rodolphe se trouvait dans une anxiété cruelle : s'il laissait échapper cette occasion de s'emparer du Maître d'école, il ne la re-

---

(1) Me tendre un piége.

trouverait sans doute jamais ; ce brigand, désormais sur ses gardes, ou peut-être reconnu, arrêté et reconduit au bagne, emporterait avec lui les secrets que Rodolphe avait tant d'intérêt à savoir.

Se confiant au hasard, à son adresse et à son courage, il dit au Maître d'école :

— J'y consens, nous ne nous quitterons pas d'ici à ce soir.

— Alors je suis votre homme... Mais voici bientôt deux heures... D'ici à l'allée des Veuves il y a loin ; il pleut à verse ; payons l'écot, et prenons un fiacre.

— Si nous prenons un fiacre, je pourrai bien auparavant fumer un cigare.

— Sans doute — dit le Maître d'école — Finette ne craint pas l'odeur du tabac.

— Eh bien ! je vais aller chercher des cigares — dit Rodolphe se levant.

— Ne vous donnez donc pas cette peine — dit le Maître d'école en l'arrêtant, — Finette ira...

Rodolphe se rassit.

Le Maître d'école avait pénétré son dessein.

La Chouette sortit.

— Quelle bonne ménagère j'ai là, hein ! —

dit le scélérat — et si complaisante! elle se jetterait dans le feu pour moi.

— A propos de feu, il ne fait mordieu pas chaud ici — dit Rodolphe en cachant ses deux mains sous sa blouse.

Alors tout en continuant la conversation avec le Maître d'école, il prit un crayon, en un morceau de papier dans la poche de son gilet, et, sans qu'on pût l'apercevoir, il écrivit quelques mots à la hâte, ayant soin d'écarter les lettres pour ne pas les confondre, car il écrivait sous sa blouse et sans y voir.

Ce billet soustrait à la pénétration du Maître d'école, il s'agissait de le faire parvenir à son adresse.

Rodolphe se leva, s'approcha machinalement de la fenêtre, et se mit à chantonner entre ses dents en s'accompagnant sur les vitres.

Le Maître d'école vint regarder par cette croisée, et dit négligemment à Rodolphe :

— Quel air jouez-vous donc là ?

— Je joue... : *Tu n'auras pas ma rose.*

— C'est un très-joli air... Je voulais seulement voir s'il ferait assez d'effet sur les passants pour les engager à se retourner.

— Je n'ai pas cette prétention-là...

— Vous avez tort, jeune homme; car vous tambourinez de première force sur les carreaux. Mais, j'y songe... le gardien de cette maison de l'allée des Veuves est peut-être un gaillard déterminé... S'il regimbe... vous n'avez qu'un pistolet... et c'est bien bruyant, tandis qu'un outil comme cela (et il fit voir à Rodolphe le manche de son poignard) ça ne fait pas de tapage... ça ne dérange personne.

— Est-ce que vous prétendriez l'assassiner! — s'écria Rodolphe. — Si vous êtes dans ces idées-là... n'y pensons plus... il n'y a rien de fait... ne comptez pas sur moi...

— Mais s'il s'éveille?

— Nous nous sauverons...

— A la bonne heure, je vous avais mal compris; il vaut mieux convenir de tout... avant... Ainsi il s'agira d'un simple vol avec escalade et effraction...

— Rien de plus...

— Va comme il est dit...

Et comme je ne te quitterai pas d'une seconde — pensa Rodolphe — je t'empêcherai bien de répandre le sang.

CHAPITRE XVI.

PRÉPARATIFS.

La Chouette rentra dans le cabinet, apportant du tabac.

— Il me semble qu'il ne pleut plus — dit Rodolphe en allumant son cigare; — si nous allions chercher le fiacre nous-mêmes?... ça nous dégourdirait les jambes.

— Comment, il ne pleut plus?—reprit le Maître d'école — vous êtes donc aveugle?... Est-ce que vous croyez que je vais exposer Finette à s'enrhumer?... risquer une vie si précieuse... et abîmer son beau châle neuf?...

— T'as raison, mon homme, il fait un temps de chien !

— Eh bien! la servante va venir... en la

payant, nous lui dirons d'aller nous chercher une voiture — reprit Rodolphe.

— Voilà ce que vous avez dit de plus judicieux, jeune homme. Nous pourrons aller flâner du côté l'allée des Veuves.

La servante entra. Rodolphe lui donna cent sous.

— Ah! monsieur... vous abusez... je ne souffrirai pas... — s'écria le Maître d'école.

— Allons donc!... chacun son tour.

— Je me soumets donc... mais à la condition que je vous offrirai quelque chose tantôt, dans un petit cabaret des Champs-Élysées... que je connais... un excellent endroit.

— Bien... bien... j'accepte.

La servante payée, on descendit. Rodolphe voulut passer le dernier, *par politesse* pour la Chouette. Le Maître d'école ne le souffrit pas et le suivit de très-près, observant ses moindres mouvements.

Le traiteur tenait aussi un débit de vin. Parmi plusieurs *consommateurs* un charbonnier, à la figure noircie, son large chapeau enfoncé sur les yeux, soldait sa dépense au comptoir, lorsque nos trois personnages parurent.

Malgré l'attentive surveillance du Maître d'école et de la borgnesse, Rodolphe, qui marchait devant le hideux couple, échangea un rapide et imperceptible regard avec Murph.

La portière du fiacre était ouverte, Rodolphe s'arrêta, décidé cette fois à monter le dernier ; car le charbonnier s'était insensiblement rapproché de lui.

En effet, la Chouette passa la première, mais après beaucoup de façons ; Rodolphe fut obligé de la suivre, car le Maître d'école lui dit à l'oreille :

— Vous voulez donc que je me défie décidément de vous ?

Rodolphe monté, le charbonnier s'avança en sifflant sur le seuil de la porte, et regarda Rodolphe d'un air surpris et inquiet.

— Où faut-il aller, bourgeois ? — demanda le cocher.

Rodolphe répondit à voix haute :

— Allée des...

— Des Acacias, au bois de Boulogne — s'écria le Maître d'école en l'interrompant ;

puis il ajouta : — Et on vous paiera bien, cocher.

La portière se referma.

— Comment diable dites-vous où nous allons devant ces badauds ? — reprit le Maître d'école. — Que demain tout soit découvert, un pareil indice peut nous perdre ! Ah ! jeune homme, jeune homme, vous êtes bien imprudent !

La voiture commençait de marcher, Rodolphe répondit :

— C'est vrai, je n'avais pas songé à cela. Mais avec mon cigare je vais vous enfumer comme des harengs ; si nous ouvrions une des glaces ?

Et Rodolphe, joignant l'action à la parole, laissa très-adroitement tomber en dehors de la voiture le petit papier ployé très-mince, sur lequel il avait eu le temps d'écrire à la hâte et sous sa blouse quelques mots au crayon.

Le coup d'œil du Maître d'école était si perçant, que, malgré l'impassibilité de la physionomie de Rodolphe, le brigand y démêla sans doute une rapide expression de triomphe, car, passant la tête par la portière, il cria au cocher :

— Tapez... tapez! il y a quelqu'un derrière votre voiture.

Rodolphe frémit, mais il joignit ses cris à ceux de son compagnon.

La voiture s'arrêta. Le cocher monta sur son siége, regarda, et dit :

— Non, non, bourgeois, il n'y a personne.

— Parbleu ! je veux m'en assurer — répondit le Maître d'école en sautant dans la rue.

Il ne vit personne, il n'aperçut rien. Depuis que Rodolphe avait jeté son billet par la portière, le fiacre avait fait quelques pas.

Le Maître d'école crut s'être trompé.

— Vous allez rire — dit-il en remontant — je ne sais pourquoi je m'étais imaginé que quelqu'un nous suivait.

Le fiacre prit à ce moment une rue transversale.

La voiture disparue, Murph, qui ne l'avait pas quittée des yeux, et qui s'était aperçu de la *manœuvre* de Rodolphe, accourut et ramassa le petit billet caché dans un creux formé par l'écartement de deux pavés.

Au bout d'un quart d'heure, le Maître d'école dit au fiacre :

— Au fait, cocher, nous avons changé d'idée : place de la Madeleine !

Rodolphe le regarda avec étonnement.

— Sans doute, jeune homme ; de cette place on peut aller à mille endroits différents. Si l'on voulait nous inquiéter, la déposition du fiacre ne serait d'aucune utilité.

Au moment où le fiacre approchait de la barrière, un homme de haute taille, vêtu d'une longue redingote blanchâtre, ayant son chapeau enfoncé sur ses yeux et paraissant fort brun de figure, passa rapidement, sur la route, courbé sur l'encolure d'un grand et magnifique cheval de chasse d'une vitesse de trot extraordinaire.

— A beau cheval bon cavalier ! — dit Rodolphe en se penchant à la portière et suivant Murph des yeux. — Quel train va ce gros homme... Avez-vous vu ?

— Ma foi ! il a passé si vite — dit le Maître d'école — que je ne l'ai pas remarqué.

Rodolphe dissimula parfaitement sa joie :

Murph avait déchiffré les signes presque hiéroglyphiques de son billet. Le Maître d'école, certain que le fiacre n'était pas suivi, se rassura, et voulant imiter la Chouette, qui sommeillait ou plutôt qui avait l'air de sommeiller, il dit à Rodolphe :

— Pardonnez-moi, jeune homme, mais le mouvement de la voiture me fait toujours un singulier effet : cela m'endort comme un enfant...

Le brigand, à l'abri de ce faux sommeil, se proposait d'examiner si la physionomie de son compagnon ne trahirait aucune émotion.

Rodolphe éventa cette ruse, et répondit :

— Je me suis levé de bonne heure ; j'ai sommeil... je vais faire comme vous...

Et il ferma les yeux.

Bientôt la respiration sonore du Maître d'école et de la Chouette, qui ronflaient à l'unisson, trompèrent si complétement Rodolphe, que, croyant ses compagnons profondément endormis, il entr'ouvrit les paupières.

Le Maître d'école et la Chouette, malgré leurs ronflements sonores, avaient les yeux ouverts, et échangeaient quelques signes mystérieux au moyen de leurs doigts bizarrement placés ou pliés sur la paume de leurs mains.

Tout à coup ce langage symbolique cessa. Le brigand, s'apercevant sans doute à un signe presque imperceptible que Rodolphe ne dormait pas, s'écria en riant :

— Ah ! ah ! camarade... vous éprouvez donc les amis, vous?

— Ça ne doit pas vous étonner, vous qui ronflez les yeux ouverts.

— Moi, c'est différent, jeune homme; je suis somnambule...

Le fiacre s'arrêta place de la Madeleine.

La pluie avait un moment cessé; mais les nuages chassés par la violence du vent étaient si noirs, si bas, qu'il faisait déjà presque nuit.

Rodolphe, la Chouette et le Maître d'école se dirigèrent vers le Cours-la-Reine.

— Jeune homme, j'ai une idée... qui n'est pas mauvaise, — dit le brigand.

— Laquelle?

— De m'assurer si tout ce que vous nous avez dit de l'intérieur de la maison de l'allée des Veuves est exact.

— Voudriez-vous y aller maintenant sous un prétexte quelconque? ça éveillerait les soupçons...

— Je ne suis pas assez innocent pour ça... jeune homme!... mais pourquoi a-t-on une femme qui s'appelle Finette?

La Chouette redressa la tête.

— La voyez-vous, jeune homme? on dirait un cheval de trompette qui entend sonner la charge.

— Vous voulez l'envoyer en éclaireuse?

— Comme vous dites.

— N° 17, allée des Veuves, n'est-ce pas, mon homme? — s'écria la Chouette dans son impatience. — Sois tranquille, je n'ai qu'un œil, mais il est bon.

— La voyez-vous, jeune homme? la voyez-vous? elle brûle déjà d'y être.

— Si elle s'y prend adroitement pour entrer, je ne trouve pas votre idée mauvaise.

— Garde le parapluie, fourline... Dans une demi-heure je suis ici, et tu verras ce que je sais faire — s'écria la Chouette.

— Un instant, Finette, nous allons descendre au *Cœur-Saignant*... c'est à deux pas d'ici.

Si le petit *Tortillard* (1) est là, tu l'emmèneras avec toi ; il restera en dehors de la porte à faire le guet pendant que tu entreras.

— Tu as raison ; il est fin comme renard, ce petit Tortillard ; il n'a pas dix ans, et c'est lui qui l'autre jour...

Un signe du Maître d'école interrompit la Chouette.

—Qu'est-ce que le *Cœur-Saignant ?* Voilà une drôle d'enseigne pour un cabaret — demanda Rodolphe.

— Il faudra vous en plaindre au cabaretier.

— Comment s'appelle-t-il ?

— Le cabaretier du Cœur-Saignant ?

— Oui.

— Il ne demande pas le nom de ses pratiques.

— Mais encore...

— Appelez-le comme vous voudrez, Pierre, Thomas, Christophe ou Barnabé, il répondra toujours... Mais nous voici arrivés... et bien à temps, car l'averse recommence... et la rivière,

(1) Boiteux.

comme elle gronde! on dirait un torrent... regardez donc! Encore deux jours de pluie, et l'eau dépassera les arches du pont.

— Vous dites que nous voici arrivés... Où diable est donc le cabaret... je ne vois pas de maison ici?

—Si vous regardez autour de vous, bien sûr.

— Et où voulez-vous que je regarde?

— A vos pieds.

— A mes pieds?

— Oui...

— Où cela?

— Tenez... là... Voyez-vous le toit? Prenez garde de marcher dessus.

Rodolphe n'avait pas, en effet, remarqué un de ces cabarets souterrains que l'on voyait, il y a quelques années encore, dans certains endroits des Champs-Élysées, et notamment près le Cours-la-Reine.

Un escalier, creusé dans la terre humide et grasse, conduisait au fond de cette espèce de large fossé; à l'un de ses pans, coupés à pic, s'adossait une masure basse, sordide, lézardée; son toit, recouvert de tuiles moussues, s'élevait à peine au niveau du sol où se trouvait Rodolphe; deux ou trois huttes en planches vermoulues, servant de cellier, de hangar, de cabane à lapins, faisaient suite à ce misérable bouge.

Une allée très-étroite traversant le fossé dans sa longueur, conduisait de l'escalier à la porte de la maison; le reste du terrain disparaissait sous un berceau de treillage qui abritait deux rangées de tables grossières plantées dans le sol.

Le vent faisait tristement grincer sur ses gonds une méchante plaque de tôle ; au travers la rouille qui la couvrait on distinguait encore un *cœur rouge percé d'un trait...* L'enseigne se balançait à un poteau dressé au-dessus de cet antre, véritable *terrier humain.*

Une brume épaisse, humide, se joignait à la pluie... la nuit approchait.

— Que dites-vous de cet hôtel... jeune homme? — reprit le Maître d'école.

— Grâce aux averses qui tombent depuis quinze jours... ça ne doit pas être trop humide...pour un étang, il doit y avoir une belle pêche... Allons, passez...

— Un instant... il faut que je sache si l'hôte est là... Attention...

Et le brigand, frôlant avec force sa langue contre son palais, fit entendre un cri singulier, une espèce de roulement guttural, sonore et prolongé, que l'on pourrait accentuer ainsi :

— Prrrrrrr !!!

Un cri pareil sortit des profondeurs de la masure...

— Il y est — dit le Maître d'école. — Pardon... jeune homme... Respect aux dames, laissez passer la Chouette... je vous suis... Prenez garde de tomber... c'est glissant...

CHAPITRE XVII.

LE CŒUR-SAIGNANT.

L'hôte du *Cœur-Saignant*, après avoir répondu au signal du Maître d'école, avança civilement jusqu'au seuil de sa porte.

Ce personnage, que Rodolphe avait été chercher dans la Cité, et qu'il ne devait pas encore connaître sous son vrai nom ou plutôt son surnom habituel, était *Bras-Rouge*.

Petit et grêle, chétif et débile, cet homme pouvait avoir cinquante ans environ. Sa physionomie tenait à la fois de la fouine et du rat; son nez pointu, son menton fuyant, ses pommettes osseuses, ses petits yeux noirs, vifs perçants, donnaient à ses traits une inimitable expression de ruse, de finesse et d'intelligence. Une vieille perruque blonde, ou plutôt jaune comme son teint bilieux, posée sur le sommet de son crâne, laissait voir sa nuque grisonnante. Il portait une veste ronde et un de ces longs tabliers noirâtres dont se servent les garçons marchands de vin.

Nos trois personnages avaient à peine descendu la dernière marche de l'escalier, qu'un enfant de dix ans au plus, très-petit, l'air fin, mais maladif, boiteux et un peu contrefait, vint rejoindre Bras-Rouge, auquel il ressemblait d'une manière si frappante qu'on ne pouvait le méconnaître pour son fils.

C'était le même regard pénétrant et astucieux ; le front de l'enfant disparaissait à demi sous une forêt de cheveux jaunâtres, durs et roides comme des crins. Un pantalon marron et une blouse grise, sanglée d'une ceinture de cuir, complétaient le costume de Tortillard, ainsi nommé à cause de son infirmité ; il se tenait à côté de son père, debout sur sa bonne jambe, comme un héron au bord d'un marais.

—Justement voilà le *môme*—dit le Maître d'école. —Finette, le temps presse, la nuit vient... il faut profiter de ce qui reste de jour...

— T'as raison, mon homme... je vas demander le moutard à son père.

— Bonjour, vieux — dit Bras-Rouge en s'adressant au Maître d'école, d'une petite voix de fausset, aigre et aiguë — qu'est-ce qu'il y a pour ton service?

— Il y a que tu vas prêter ton gamin à ma femme pendant un quart d'heure, elle a ici près perdu quelque chose... il l'aidera à chercher...

Bras-Rouge cligna de l'œil, fit un signe d'intelligence au Maître d'école, et dit à son fils :

— Tortillard... suis madame...

Le hideux enfant, attiré par la laideur et par l'air méchant de la Chouette, comme d'autres sont charmés par un extérieur bienveillant, accourut en boîtant prendre la main de la borgnesse.

— Amour de petit *momaque*, va!... Voilà un enfant! — dit Finette — comme ça vient tout de suite à vous... C'est pas comme la Pégriotte, qui avait toujours l'air d'avoir mal au cœur quand elle m'approchait, cette petite mendiante!

— Allons, dépêche-toi, Finette... ouvre l'œil et veille au grain... Je t'attends ici...

— Ce ne sera pas long... Passe devant, Tortillard !

Et la borgnesse et le petit boiteux gravirent le glissant escalier.

— Finette, prends donc le parapluie... — cria le brigand.

— Ça me gênerait, mon homme... — répondit la vieille, qui disparut bientôt avec Tortillard au milieu des vapeurs amoncelées par le crépuscule, et des tristes murmures du vent qui agitait les branches noires et dépouillées des grands ormes des Champs-Élysées.

— Entrons — dit Rodolphe.

Il lui fallut se baisser pour passer sous la porte de ce cabaret, divisé en deux salles. Dans l'une on voit un comptoir et un billard en mauvais état; dans l'autre, des tables et des chaises de jardin, autrefois peintes en vert. Deux croisées étroites, aux carreaux fêlés couverts de toiles d'araignée, éclairent à peine ces pièces aux murailles verdâtres, salpêtrées par l'humidité.

Rodolphe est resté seul une minute à peine;

Bras-Rouge et le Maître d'école ont eu le temps d'échanger rapidement quelques mots et quelques signes mystérieux.

— Vous boirez un verre de bière ou un verre d'eau-de-vie en attendant Finette... — dit le Maître d'école.

— Non... je n'ai pas soif.

— Chacun son goût... moi, je boirai un verre d'eau-de-vie — reprit le brigand. Et il s'assit à une des petites tables vertes de la seconde pièce.

L'obscurité commençait à envahir tellement ce repaire, qu'il était impossible de voir, dans un des angles de la seconde chambre, l'entrée béante d'une de ces caves auxquelles on descend par une trappe à deux battants, dont l'un reste toujours ouvert pour la commodité du service.

La table où s'assit le Maître d'école était tout proche de ce trou noir et profond, auquel il tournait le dos et qu'il cachait complétement aux yeux de Rodolphe.

Ce dernier regardait à travers les fenêtres, pour se donner une contenance et dissimuler sa préoccupation. La vue de Murph, se rendant en toute hâte à l'allée des Veuves, ne le rassurait pas complétement ; il craignait que le digne *squire* n'eût pas compris toute la signification de son billet forcément si laconique, qui ne contenait que ces mots :

— *Pour ce soir dix heures.*

Bien résolu de ne pas se rendre à l'allée des Veuves avant ce moment, et de ne pas quitter le Maître d'école jusque-là, il tremblait néanmoins de perdre cette unique occasion de posséder les secrets qu'il avait tant d'intérêt à connaître. Quoiqu'il fût très-vigoureux et bien armé, il devait lutter de ruse avec un meurtrier redoutable et capable de tout.

Faut-il le dire? telle était la trempe énergique de ce caractère bizarre, avide d'émotions nerveuses et violentes, que Rodolphe trouvait une sorte de charme terrible dans les inquiétudes et dans les obstacles qui venaient entraver le plan combiné la veille avec son fidèle Murph et le Chourineur.

Ne voulant pas néanmoins se laisser pénétrer, il vint s'asseoir à la table du Maître d'école, et demanda un verre par contenance.

Bras-Rouge, depuis quelques mots échangés à voix basse avec le brigand, considérait Rodolphe d'un air curieux, sardonique et méfiant.

— M'est avis, jeune homme — dit le Maître d'école — que si ma femme nous apprend que les personnes que nous voulons voir sont chez elles, nous pourrons aller leur faire notre visite sur les huit heures?

— Ce serait trop tôt de deux heures — dit Rodolphe;—ça les gênerait...

— Vous croyez?

— J'en suis sûr...

— Bah!... entre amis... on ne fait pas de façons.

— Je les connais; je vous répète qu'il ne faut pas y aller avant dix heures.

— Êtes-vous entêté, jeune homme!

— C'est mon idée... et que le diable me brûle si je bouge d'ici avant dix heures.

— Ne vous gênez pas; je ne ferme jamais mon établissement avant minuit — dit Bras-Rouge de sa voix de fausset. — C'est le moment où arrivent mes meilleures pratiques.... et mes voisins ne se plaignent pas du bruit que l'on fait chez moi.

— Il faut consentir à tout ce que vous voulez, jeune homme — reprit le Maître d'école.

— Soit, nous ne partirons qu'à dix heures pour notre visite.

— Voilà la Chouette! — dit Bras-Rouge, en entendant et en répondant à un cri d'appel semblable à celui que le Maître d'école avait poussé avant de descendre dans la maison souterraine.

Une minute après, la Chouette entra seule dans le billard.

— Ça y est, mon homme... c'est empaumé! — s'écria la borgnesse en entrant.

Bras-Rouge se retira discrètement, sans demander des nouvelles de Tortillard, qu'il ne s'attendait probablement pas à revoir encore.

Les vêtements de la vieille ruisselaient d'eau; elle s'assit en face de Rodolphe et du brigand.

— Eh bien? — dit le Maître d'école.

— Ce garçon a dit vrai jusqu'ici.

— Voyez-vous! s'écria Rodolphe.

— Laissez la Chouette s'expliquer, jeune homme. Voyons, va, Finette.

— Je suis arrivée au n° 17, en laissant Tortillard blotti dans un trou et aux aguets... Il faisait encore jour. J'ai carillonné à une petite porte bâtarde, gonds en dehors, deux pouces de jour sous le seuil, enfin rien du tout... Je sonne, le gardien m'ouvre : c'est un grand, gros homme, dans les cinquante ans, l'air endormi et bon enfant, favoris roux, en croissant, tête chauve.... Avant de sonner j'avais mis mon bonnet dans ma poche, pour avoir l'air d'être une voisine. Dès que j'aperçois le gardien, je me mets à pleurnicher de toutes mes forces, en criant que j'ai perdu ma perruche, Cocotte, une petite bête que j'adore... je dis que je demeure avenue de Marbœuf, et que de jardin en jardin je poursuis Cocotte. Enfin je supplie le monsieur de me laisser chercher ma bête.

— Hem! — dit le Maître d'école d'un air d'orgueilleuse satisfaction en montrant Finette — quelle femme!

— C'est très-adroit — dit Rodolphe... — mais ensuite?...

— Le gardien me permet de chercher ma bête, et me voilà trottant dans le jardin en appelant Cocotte! Cocotte! en regardant en l'air et de tous les côtés, pour bien tout voir... En dedans des murs — reprit la vieille en continuant de détailler le logis — en dedans des murs, partout du treillage, véritable escalier; au coin du mur, à gauche, un pin fait comme une échelle, une femme en couche y descendrait. La maison a six fenêtres au rez-de-chaussée, pas d'autre étage, quatre soupiraux de cave sans barres. Les fenêtres du rez-de-chaussée se ferment à volets, loquet par le bas, gachette par le haut; peser sur la plinthe, tirer le fil de fer...

— Un zest... — dit le Maître d'école... — et c'est ouvert.

La Chouette continua :

— La porte d'entrée vitrée... deux persiennes en dehors.

— Pour mémoire — dit le brigand.

— C'est ça!... c'est absolument comme si on y était — dit Rodolphe.

— A gauche — reprit la Chouette — près de la cour, un puits ; la corde peut servir, parce que là il n'y a pas de treillage au mur, dans le cas où la retraite serait bouchée du côté de la porte... En entrant dans la maison...

— Tu es entrée dans la maison? Elle y est entrée! jeune homme... — dit le Maître d'école avec orgueil.

— Certainement, j'y suis entrée. Ne trouvant pas Cocotte, j'avais tant gémi que j'ai fait comme si je m'étais époumonée; j'ai demandé au gardien la permission de m'asseoir sur le pas de sa porte ; le brave homme m'a dit d'entrer, m'a offert un verre d'eau et de vin. « Un simple verre d'eau, ai-je dit, un simple verre d'eau, mon bon monsieur. » Alors il m'a fait entrer dans l'antichambre... tapis partout; bonne précaution, on n'entend ni marcher ni les éclats des vitres, s'il fallait *faire* un carreau ; à droite et à gauche, portes et serrures à bec de canne. Ça s'ouvre en soufflant dessus... Au fond, une forte porte, fermée à clef; une tournure de caisse... ça sentait l'argent!.. j'avais ma cire dans mon cabas...

— Elle avait sa cire, jeune homme... elle ne marche jamais sans sa cire!... — dit le brigand.

La Chouette continua :

— Il fallait m'approcher de la porte qui sentait l'argent. Alors, j'ai fait comme s'il me prenait une quinte si forte, si forte, que j'étais obligée de m'appuyer sur le mur. En m'entendant tousser, le gardien a dit : « Je vas vous mettre un morceau de sucre. » Il a probablement cherché une cuiller, car j'ai entendu *rire* de l'argenterie... argenterie dans la pièce à main droite.... n'oublie pas ça, fourline. Enfin, tout en toussant, tout en geignant, je m'étais approchée de la porte du fond... j'avais ma cire dans la paume de ma main... je me suis appuyée sur la serrure, comme si de rien n'était. Voilà l'empreinte. Si ça ne sert pas aujourd'hui, ça servira un autre jour...

Et la Chouette donna au brigand un morceau de cire jaune où l'on voyait parfaitement l'empreinte.

— Ça fait que vous allez nous dire si c'est bien la porte de la caisse — dit la Chouette.

— Justement !... c'est là où est l'argent — reprit Rodolphe.

Et il se dit tout bas :—Murph a-t-il donc été dupe de cette vieille misérable? Cela se peut; il ne s'attend à être attaqué qu'à dix heures... à cette heure-là toutes ses précautions seront prises...

— Mais tout l'argent n'est pas là! — reprit la Chouette, dont l'œil vert étincela. — En m'approchant des fenêtres, toujours pour chercher Cocotte, j'ai vu dans une des chambres, à gauche de la porte, des sacs d'écus sur un bureau... Je les ai vus comme je te vois, mon homme.... Il y en avait au moins une douzaine.

— Où est Tortillard? — dit brusquement le Maître d'école.

— Il est toujours dans son trou... à deux pas de la porte du jardin... Il voit dans l'ombre comme les chats. Il n'y a que cette entrée-là au numéro 17; lorsque nous irons, il nous avertira si quelqu'un est venu.

— C'est bon...

A peine avait-il prononcé ces mots, que le Maître-d'école se rua sur Rodolphe à l'improviste, le saisit à la gorge, et le précipita dans la cave qui était béante derrière la table....

Cette attaque fut si prompte, si inattendue,

si vigoureuse, que Rodolphe n'avait pu ni la prévoir ni l'éviter.

La Chouette effrayée poussa un cri perçant, car elle n'avait pas vu d'abord le résultat de cette lutte d'un instant.

Lorsque le bruit du corps de Rodolphe roulant sur les degrés eut cessé, le Maître d'école, qui connaissait parfaitement les êtres *souterrains* de cette maison, descendit lentement dans la cave en prêtant l'oreille avec attention.

— Fourline... défie-toi!... — cria la borgnesse en se penchant à l'ouverture de la trappe. — Tire ton poignard!...

Le brigand ne répondit pas et disparut.

D'abord on n'entendit rien ; mais au bout de quelques instants, le bruit lointain d'une porte rouillée qui criait sur ses gonds résonna sourdement dans les profondeurs de la cave et il se fit un nouveau silence.

L'obscurité était complète.

La Chouette fouilla dans son cabas, fit pétiller une allumette chimique et alluma une petite bougie dont la faible lueur se répandit dans cette lugubre salle.

A ce moment, la figure monstrueuse du Maître d'école apparut à l'ouverture de la trappe.

La Chouette ne put retenir une exclamation d'effroi à la vue de cette tête pâle, couturée, mutilée, horrible, aux yeux presque phosphorescents, qui semblait ramper sur le sol au milieu des ténèbres... que la clarté de la bougie dissipait à peine.

Remise de son émotion, la vieille s'écria avec une sorte d'épouvantable flatterie :

— Faut-il que tu sois affreux, fourline! tu m'as fait peur... à moi!!

— Vite, vite... à l'allée des Veuves — dit le brigand en assujettissant les deux battants de la trappe avec une barre de fer;—dans une heure peut-être il sera trop tard! Si c'est une souricière, elle n'est pas encore tendue... si ça n'en est pas une, nous ferons le coup nous seuls.

CHAPITRE XVIII.

LE CAVEAU.

Sous le coup de son horrible chute, Rodolphe était resté évanoui, sans mouvement, au bas de l'escalier de la cave.

Le Maître d'école, le traînant jusqu'à l'entrée d'un second caveau beaucoup plus profond, l'y avait descendu et enfermé au moyen d'une porte épaisse garnie de ferrures; puis il avait rejoint la Chouette, pour aller avec elle commettre un vol, peut-être un assassinat, dans l'allée des Veuves.

Au bout d'une heure environ, Rodolphe reprit peu à peu ses sens.

Il était couché par terre, au milieu d'épaisses ténèbres; il étendit ses bras autour de lui, et toucha des degrés de pierre. Ressentant à ses pieds une vive impression de fraîcheur, il y porta la main... C'était une flaque d'eau.

D'un effort violent il parvint à s'asseoir sur la dernière marche de l'escalier; son étourdissement se dissipait peu à peu, il fit quelques mouvements. Heureusement aucun de ses membres n'était fracturé. Il écouta... il n'entendit rien.... rien qu'une espèce de petit clapotement sourd, faible, mais continu.

D'abord il n'en soupçonna pas la cause.

A mesure que sa pensée s'éveillait plus lucide, les circonstances de la surprise dont il avait été victime se retraçaient à son esprit, mais incomplétement, mais avec lenteur... Il était sur le point de rassembler tous ses souvenirs, lorsqu'il ressentit aux pieds une nouvelle impression de fraîcheur: il se baissa, tâta ; il avait de l'eau jusqu'à la cheville.

Et au milieu du morne silence qui l'environnait, il entendit plus distinctement encore le petit clapotement sourd, faible, continu.

Cette fois il en comprit la cause: l'eau envahissait le caveau... La crue de la Seine était formidable, et ce lieu souterrain se trouvait au-dessous du niveau du fleuve...

Ce danger rappela tout à fait Rodolphe à lui-même ; prompt comme l'éclair, il gravit l'humide escalier. Arrivé au faîte, il se heurta contre une porte ; en vain il voulut l'ébranler, elle resta immobile sur ses gonds de fer.

Dans cette position désespérée, son premier cri fut pour Murph.

— S'il n'est pas sur ses gardes, ce monstre va l'assassiner... et c'est moi — s'écria-t-il — moi qui aurai causé sa mort !...... Pauvre Murph !.....

Cette cruelle pensée exaspéra les forces de Rodolphe ; s'arc-boutant sur ses pieds et courbant les épaules, il s'épuisa en efforts inouïs contre la porte... il ne lui imprima pas le plus léger ébranlement.

Espérant trouver un levier dans le caveau, il redescendit : à l'avant-dernière marche, deux ou trois corps ronds, élastiques, roulèrent et fuirent sous ses pieds : c'étaient des rats que l'eau chassait de leurs retraites.

Rodolphe parcourut la cave à tâtons, en tout sens, ayant de l'eau jusqu'à mi-jambe ; il ne trouva rien. Il remonta lentement l'escalier, dans un sombre désespoir.

Il compta les marches : il y en avait treize, trois étaient déjà submergées.

Treize! nombre fatal!... Dans certaines positions les esprits les plus fermes ne sont pas à l'abri des idées superstitieuses; il vit dans ce nombre un mauvais présage. Le sort possible de Murph lui revint à la pensée. Il chercha en vain quelque ouverture entre le sol et la porte, dont l'humidité avait sans doute gonflé le bois, car il joignait hermétiquement la terre humide et grasse.

Rodolphe poussa des cris violents, croyant qu'ils parviendraient peut-être jusqu'aux hôtes du cabaret; et puis il écouta.

Il n'entendit rien, rien que le petit clapotement sourd, faible, continu, de l'eau qui toujours montait, montait, montait.

Rodolphe s'assit avec accablement, le dos appuyé contre la porte; il pleura sur son ami, qui se débattait peut-être alors sous le couteau d'un assassin.

Bien amèrement alors il regretta ses imprudents et audacieux projets, quoique leur motif fût généreux. Il se rappelait avec déchirement mille preuves de dévouement de Murph, qui, riche, honoré, avait quitté une femme, un enfant bien-aimés, ses intérêts les plus chers, pour suivre et aider Rodolphe dans la vaillante mais étrange expiation que celui-ci s'imposait.

L'eau montait toujours... il n'y avait plus que cinq marches à sec. En se levant debout près de la porte, Rodolphe de son front touchait à la voûte. Il pouvait calculer le temps que durerait son agonie. Cette mort était lente, muette, affreuse.

Il se souvint du pistolet qu'il avait sur lui. Au risque de se mutiler en le tirant contre la porte à *brûle-bourre*, il pourrait peut-être la renverser..... Malheur!... malheur! dans sa chute, cette arme avait été perdue ou enlevée par le Maître d'école.

Sans ses craintes pour Murph, Rodolphe eût attendu la mort avec sérénité... Il avait beaucoup vécu... il avait été ardemment aimé... il avait fait du bien, il aurait voulu en faire davantage, Dieu le savait! Ne murmurant pas contre l'arrêt qui le frappait, il vit dans cette destinée une juste punition d'une fatale action non encore expiée; ses pensées s'élevaient, grandissaient avec le péril.

Un nouveau supplice vint éprouver la résignation de Rodolphe.

Les rats chassés par l'eau s'étaient réfugiés de degré en degré, ne trouvant pas d'issue. Pouvant difficilement gravir une porte ou un mur perpendiculaires, ils grimpèrent le long des vêtements de Rodolphe. Lorsqu'il les sentit fourmiller sur lui, son dégoût, son horreur furent indicibles... Il voulut les chasser; des morsures aiguës et froides ensanglantèrent ses mains; dans sa chute, sa blouse et sa veste s'étaient ouvertes, il sentit sur sa poitrine nue l'impression de pattes glacées et d'un corps velu. Il jetait au loin ces animaux immondes, après les avoir arrachés de ses habits; mais ils revenaient à la nage.

Rodolphe poussa de nouveaux cris, on ne l'entendit pas... Dans peu d'instants il ne pourrait plus crier, l'eau avait atteint la hauteur de son cou, bientôt elle arriverait jusqu'à sa bouche.

L'air refoulé commençait à manquer dans cet espace étroit; les premiers symptômes de

LE CAVEAU.

l'asphyxie accablèrent Rodolphe, les artères de ses tempes battirent avec violence, il eut des vertiges, il allait mourir. Il donna une dernière pensée à Murph et éleva son âme à Dieu... non pour qu'il l'arrachât au danger, mais pour qu'il agréât ses souffrances.

A ce moment suprême, sur le point de quitter, non-seulement tout ce qui fait la vie heureuse, brillante, enviée, mais encore un titre presque royal, un pouvoir SOUVERAIN... forcé de renoncer à une entreprise qui, en satisfaisant ses deux instincts passionnés : *l'amour du bien* et *la haine des méchants*, pouvait lui être un jour comptée pour la remise de ses fautes; prêt à périr d'une mort effroyable.., Rodolphe n'eut pas un de ces mouvements de rage, de frénésie impuissante pendant lesquels les âmes faibles accusent ou maudissent tour à tour les hommes, le destin et Dieu.

Non : tant que sa pensée demeura lucide, Rodolphe supporta son sort avec soumission, avec respect... Lorsque l'agonie obscurcit ses idées, absolument livré à l'instinct vital, il se débattit, si cela se peut dire, physiquement, mais non moralement, contre la mort.

Le vertige emportait la pensée de Rodolphe dans son rapide et effrayant tourbillon; l'eau bouillonnait à ses oreilles; il croyait se sentir tournoyer sur lui-même; la dernière lueur de sa raison allait s'éteindre, lorsque des pas précipités et un bruit de voix retentirent auprès de la porte de la cave.

L'espérance ranima ses forces expirantes; par une suprême tension d'esprit, il put saisir ces mots, les derniers qu'il entendit et qu'il comprit:

— Tu le vois bien, il n'y a personne.

— Tonnerre! c'est vrai... — répondit tristement la voix du Chourineur. Et les pas s'éloignèrent.

Rodolphe, anéanti, n'eut pas la force de se soutenir davantage; il glissa le long de l'escalier.

Tout à coup la porte du caveau s'ouvrit brusquement en dehors, l'eau contenue dans le souterrain s'échappa comme par l'ouverture d'une écluse... et le Chourineur put saisir les deux bras de Rodolphe qui, à demi noyé, se cramponnait encore au seuil de la porte par un mouvement convulsif.

CHAPITRE XIX.

LE GARDE-MALADE.

Arraché à une mort certaine par le Chourineur, et transporté dans la maison de l'allée des Veuves, explorée par la Chouette avant la tentative du Maître d'école, Rodolphe est couché dans une chambre confortablement meublée; un grand feu brille dans la cheminée, une lampe placée sur une commode répand une vive clarté dans l'appartement; le lit de Rodolphe, entouré d'épais rideaux de damas vert, reste dans l'obscurité.

Un nègre de moyenne taille, à cheveux et sourcils blancs, vêtu avec recherche et portant un ruban orange et vert à la boutonnière de son habit bleu, tient à la main gauche une montre d'or à secondes, qu'il semble consulter en comptant de sa main droite les pulsations du pouls de Rodolphe.

Ce noir est triste, pensif; il regarde Rodolphe endormi avec l'expression de la plus tendre sollicitude.

Le Chourineur, vêtu de haillons, souillé de boue, est immobile au pied du lit; il a les bras pendants et les mains croisées; sa barbe rousse est longue; son épaisse chevelure couleur de filasse est en désordre et imbibée d'eau; ses gros traits sont durs, bronzés; pourtant sous cette laide et rude écorce perce une ineffable expression d'intérêt et de pitié... Osant à peine respirer, il ne soulève qu'avec contrainte sa large poitrine; inquiet de l'attitude méditative du docteur nègre, redoutant un fâcheux pronostic, il se hasarde de faire à voix basse cette réflexion philosophique en contemplant Rodolphe :

— Qui est-ce qui dirait pourtant, à le voir faible comme ça, que c'est lui qui m'a si crânement festonné les coups de poings de la fin !... Il ne sera pas long-temps à reprendre ses forces... n'est-ce pas, monsieur le médecin? Foi d'homme, je voudrais bien qu'il me tambourinât sa convalescence sur le dos... ça le secouerait... n'est-ce pas, monsieur le médecin?

Le noir, sans répondre, fit un léger signe de la main.

Le Chourineur resta muet.

— La potion? — dit le noir.

Aussitôt le Chourineur, qui avait respectueusement laissé ses souliers ferrés à la porte, alla vers la commode, en marchant sur le bout des orteils le plus légèrement possible; mais cela avec des contorsions d'enjambements, des balancements de bras, des renflements de dos et d'épaules, qui eussent paru fort plaisants dans une autre circonstance.

Le pauvre diable avait l'air de vouloir ramener toute sa pesanteur dans la partie de lui-même qui ne touchait pas le sol; ce qui, malgré le tapis, n'empêchait pas le parquet de gémir sous la pesante stature du Chourineur. Malheureusement, dans son ardeur de bien faire, et de peur de laisser échapper la fiole diaphane qu'il apportait précieusement, il en serra tellement le goulot dans sa large main, que le flacon se brisa et la potion inonda le tapis.

A la vue de ce méfait, le Chourineur resta immobile, une de ses grosses jambes en l'air, les orteils nerveusement contractés et regardant alternativement, d'un air confus, et le docteur et le goulot qui lui restait à la main.

— Diable de maladroit! — s'écria le nègre avec impatience.

—Tonnerre d'imbécile! — ajouta le Chourineur en s'apostrophant lui-même.

— Ah! — reprit l'Esculape en regardant la commode — heureusement vous vous êtes trompé, je voulais l'autre fiole...

— La petite rougeâtre? — dit bien bas le malencontreux garde-malade.

— Sans doute... il n'y a que celle-là.

Le Chourineur, en tournant prestement sur ses talons par une vieille habitude militaire, écrasa les débris du flacon : des pieds plus délicats eussent été cruellement déchirés; mais l'ex-débardeur devait à la spécialité de sa profession une paire de sandales naturelles, dures comme le sabot d'un cheval.

— Prenez donc garde, vous allez vous blesser! — s'écria le médecin.

Le Chourineur ne fit pas l'ombre d'attention à cette recommandation. Profondément préoccupé de sa nouvelle mission, dont il voulait se tirer à sa gloire afin de faire oublier sa première maladresse, il fallut voir avec quelle délicatesse, avec quelle légèreté, avec quel scrupule, écartant ses deux gros doigts, il saisit cette fois le mince cristal... Un papillon n'eût pas laissé un atome de la poussière dorée de ses ailes entre le pouce et l'index du Chourineur.

Le docteur noir frémit d'un nouvel accident qui pouvait arriver par excès de précaution. Heureusement la potion évita cet écueil.

Le Chourineur, en s'approchant du lit, broya de nouveau sous ses pieds ce qui restait des débris de l'autre flacon.

— Mais, malheureux, vous voulez donc vous estropier? — dit le docteur à voix basse.

Le Chourineur le regarda tout surpris.

— Eh! de quoi m'estropier, monsieur le médecin?

— Voilà deux fois que vous marchez sur du verre.

— Si ce n'est que ça, ne faites pas attention... J'ai le dessous des *arpions* doublé en *cuir de brouette* (1).

— Une petite cuiller! — dit le docteur.

Le chourineur recommença ses évolutions *sylphidiques* et apporta ce que le docteur lui demandait...

Après quelques cuillerées de cette potion, Rodolphe fit un mouvement et agita faiblement les mains.

— Bien! bien! il sort de sa torpeur — dit le médecin. — La saignée l'a soulagé, bientôt il sera hors d'affaire.

— Sauvé! bravo! vive la Charte! — s'écria le Chourineur dans l'explosion de sa joie.

— Mais tenez-vous donc tranquille!

— Oui, monsieur le médecin.

— Le pouls se règle... A merveille!... à merveille!...

— Et le pauvre ami de M. Rodolphe! monsieur le médecin. Tonnerre! quand il va savoir! Heureusement que...

(1) Le dessous des pieds doublé en bois.

— Silence !

— Oui, monsieur le médecin.

— Asseyez-vous.

— Mais, monsieur le...

— Asseyez-vous donc ; vous m'inquiétez en rôdant toujours autour de moi, cela me distrait.—Voyons, asseyez-vous !

— Monsieur le médecin, je suis aussi malpropre qu'une bûche de bois flottée qu'on va débarder de son train, je salirais les meubles.

— Alors asseyez-vous par terre.

— Je salirais le tapis.

— Faites comme vous voudrez ; mais, au nom du ciel, restez en repos — dit le docteur avec impatience ; — et, se plongeant dans un fauteuil, il appuya son front sur ses mains.

Après un moment de cogitation profonde, le Chourineur, moins par besoin de se reposer que pour obéir au médecin, prit une chaise avec les plus grandes précautions, et la renversa, d'un air parfaitement satisfait, le dossier sur le tapis, dans l'honnête intention de s'asseoir proprement et modestement sur les bâtons antérieurs, afin de ne rien salir... ce qu'il fit avec toutes sortes de ménagements délicats.

Malheureusement le Chourineur connaissait peu les lois du levier et de la pondération des corps : la chaise bascula ; le malheureux, par un mouvement involontaire, tendit les bras en avant, renversa un guéridon chargé d'un plateau, d'une tasse et d'une théière.

A ce bruit formidable, le docteur nègre releva la tête en bondissant sur son fauteuil.

Rodolphe, réveillé en sursaut, se dressa sur son séant, regarda autour de lui avec anxiété, rassembla ses idées, et s'écria :

— Murph ! où est Murph ?

— Que Votre Altesse se rassure — dit respectueusement le noir — il y a beaucoup d'espoir.

— Il est blessé ? — s'écria Rodolphe.

— Hélas ! oui, monseigneur.

— Où est-il ?... je veux le voir.

Et Rodolphe essaya de se lever ; mais il retomba, vaincu par la douleur des contusions dont il ressentait alors le contre-coup.

— Qu'on me porte à l'instant auprès de Murph, puisque je ne puis pas marcher ! — s'écria-t-il.

—Monseigneur, il repose... Il serait dangereux à cette heure de lui causer une vive émotion.

— Ah! vous me trompez! il est mort... Il est mort assassiné!... Et c'est moi... c'est moi qui en suis cause!!! — s'écria Rodolphe d'une voix déchirante, en levant les mains au ciel.

— Monseigneur sait que je suis incapable de mentir... Je lui affirme sur l'honneur que M. Murph est vivant... assez grièvement blessé, il est vrai; mais il a des chances de guérison presque certaines.

— Vous me dites cela pour me préparer à quelque affreuse nouvelle... Il est sans doute dans un état désespéré!

— Monseigneur...

— J'en suis sûr... vous me trompez... Je veux à l'instant qu'on me porte auprès de lui... La vue d'un ami est toujours salutaire...

— Encore une fois, monseigneur, je vous affirme sur l'honneur qu'à moins d'accidents improbables M. Murph peut être bientôt convalescent.

— Vrai, bien vrai! mon cher David?

— Bien vrai, monseigneur.

— Écoutez, vous savez ma considération

pour vous; depuis que vous appartenez à ma maison, vous avez toujours eu ma confiance... jamais je n'ai mis votre rare savoir en doute... mais, pour l'amour du ciel, si une consultation est nécessaire...

— Ç'a été ma première pensée, monseigneur. — Quant à présent, une consultation est absolument inutile, vous pouvez me croire... et puis d'ailleurs, je n'ai pas voulu introduire d'étrangers ici avant de savoir si vos ordres d'hier...

— Mais comment tout ceci est-il arrivé? — dit Rodolphe en interrompant le noir; — qui m'a tiré de ce caveau où je me noyais?... J'ai un souvenir confus d'avoir entendu la voix du Chourineur; me serais-je trompé?

— Non! non! ce brave homme peut tout vous apprendre, monseigneur, car il a tout fait.

— Mais où est-il? où est-il?

Le docteur chercha des yeux le garde-malade improvisé, qui, confus de sa chute, s'était réfugié derrière le rideau du lit.

— Le voici — dit le médecin — il a l'air tout honteux.

— Voyons, avance donc, mon brave! — dit Rodolphe en tendant la main à son sauveur.

CHAPITRE XX.

RÉCIT DU CHOURINEUR.

La confusion du Chourineur était d'autant plus profonde qu'il venait d'entendre le médecin noir appeler Rodolphe, *monseigneur*, à plusieurs reprises.

— Mais approche donc... donne-moi ta main! — dit Rodolphe.

—Pardon, monsieur... non, je voulais dire monseigneur... mais...

—Appelle-moi monsieur Rodolphe, comme toujours... j'aime mieux cela.

— Et moi aussi je serai moins gêné... Mais, pour ma main, excusez... j'ai fait tant d'ouvrage depuis tantôt...

Et il avança timidement sa main noire et calleuse.

Rodolphe la serra cordialement.

— Voyons, assieds-toi et raconte-moi tout... comment as-tu découvert la cave?... Mais j'y songe, le Maître d'école?

— Il est ici en sûreté, dit le médecin noir.

— Ficelés comme deux carottes de tabac... lui et la Chouette... Vu la figure qu'ils doivent se faire s'ils se regardent, ils doivent joliment se répugner à l'heure qu'il est.

— Et mon pauvre Murph!... mon Dieu! et j'y pense seulement maintenant!!! David, où a-t-il été blessé?

— Au côté droit, monseigneur... heureusement vers la dernière fausse côte...

— Oh! il me faudra une vengeance terrible, terrible!... David! je compte sur vous.

— Monseigneur le sait, je suis à lui, âme et corps, répondit froidement le noir.

— Mais comment es-tu arrivé ici à temps, mon brave? — dit Rodolphe au Chourineur.

— Si vous vouliez, monseign... non, monsieur Rodolphe... je commencerais par le commencement.

— Tu as raison... je t'écoute.

— Vous savez qu'hier soir vous m'avez dit,

en revenant de la campagne, où vous étiez allé avec la pauvre Goualeuse :

« Tâche de trouver le Maître d'école dans la Cité; tu lui diras que tu sais un bon coup à faire, que tu ne veux pas en être; mais que s'il veut ta place, il n'a qu'à se trouver demain (c'était ce matin) à la barrière de Bercy, au *Panier-Fleuri*, et que là il verrait celui *qui a nourri le poupard* (1). »

— Très-bien.

— En vous quittant, je trotte à la Cité... Je vas chez l'ogresse; pas de Maître d'école; je fais la rue Saint-Éloi, la rue aux Fèves, la rue de la Vieille-Draperie... personne... Enfin je l'empaume avec cette limace de Chouette au parvis Notre-Dame, chez un petit tailleur, revendeur, recéleur et voleur; ils voulaient flamber avec l'argent volé du grand monsieur en deuil qui voulait vous faire quelque chose; ils achetaient des défroques d'hasard. La Chouette marchandait un châle rouge... Vieux monstre!... Je dévide *mon chapelet* au Maître d'école. Il me dit que ça lui va, et qu'il sera au ren-

(1) Qui a préparé le vol.

dez-vous. Bon! Ce matin, selon vos ordres d'hier, j'accours ici vous rendre la réponse... Vous me dites : « Mon garçon, reviens demain avant le jour, tu passeras la journée dans la maison, et le soir... tu verras quelque chose qui en vaut la peine... » Vous ne m'en jaspinez pas plus; mais j'en comprends davantage. Je me dis : C'est un coup monté pour faire une farce au Maître d'école demain, en l'amorçant par une affaire. C'est un vrai scélérat... Il a assassiné le marchand de bœufs... J'en suis...

— Et mon tort a été de ne pas tout te dire, mon garçon... Cet affreux malheur ne serait peut-être pas arrivé.

— Ça vous regardait, monsieur Rodolphe; ce qui me regardait, moi, c'était de vous servir... parce qu'enfin... je ne sais pas comment ça se fait, je vous l'ai déjà dit, je me sens comme votre boule-dogue; enfin... suffit... Je me dis donc : C'est demain la noce, aujourd'hui j'ai congé; M. Rodolphe m'a payé les deux journées que j'ai perdues, et deux autres d'avance; car voilà trois jours que je ne parais pas chez mon maître débardeur, et, n'étant pas millionnaire, le travail.... c'est mon pain. Je m'ajoute : Tiens, au fait, M. Rodolphe me paye mon temps, mon temps lui appartient; je vas l'employer pour lui... Ça me donne l'idée que voilà : Le Maître d'école est malin, il doit craindre une souricière... M. Rodolphe lui proposera la chose pour demain, c'est vrai; mais le gueux est capable de venir dans la journée flâner par ici pour reconnaître les alentours, et, s'il se défie... de M. Rodolphe, d'amener un autre *grinche*, ou bien encore de dire : A demain, et de faire le coup pour son compte aujourd'hui.

— Tu avais deviné juste... c'est ce qui est arrivé... Et la Providence a voulu que je te doive la vie!...

— C'est étonnant, monsieur Rodolphe, comme depuis que je vous connais il m'aboule des choses qui ont l'air de se manigancer là-haut! et puis j'ai des idées que je n'avais jamais eues depuis que vous m'avez dit : *Mon garçon, il y a en toi du cœur et de l'honneur*. Du cœur! de l'honneur! tonnerre! ces mots-là vous remuent quelque chose dans le ventre. Allez, monsieur Rodolphe, quand on est habitué à s'entendre crier au loup! au chien enragé! quand on veut seulement approcher des honnêtes gens...

— Ainsi, tu as depuis quelques jours des pensées nouvelles pour toi?...

— Bien sûr, monsieur Rodolphe. Tenez, je me disais encore : Maintenant, je connaîtrais quelqu'un qui aurait fait un mauvais coup, la boisson, la colère... enfin... n'importe quoi... je lui dirais : « Mon homme, tu as fait un mauvais coup, c'est bon.... Mais c'est pas tout ça; ce n'est pas pour le roi de Prusse que le bon Dieu compose les gens qui se noient, qui rôtissent ou qui crèvent de faim; tu vas me faire l'amitié, si tu gagnes quarante sous, d'en donner vingt à des pauvres vieux, ou à des petits enfants, enfin à ceux qui, plus malheureux que toi, n'ont ni pain, ni force... et surtout n'oublie pas, mon homme, que s'il y a quelqu'un à sauver en risquant sa peau à coup sûr... c'est actuellement ton négoce!! Moyennant ça, et que tu ne recommences pas tes bêtises, tu me trouveras toujours... » Mais pardon, monsieur Rodolphe, je bavarde... et vous êtes curieux.

— Non; j'aime à t'entendre parler ainsi... Et puis je ne saurai que trop tôt comment est arrivé l'horrible malheur dont mon pauvre Murph a été victime... Je me croyais certain de ne pas quitter le Maître d'école d'un pas, d'une minute, durant cette dangereuse entreprise... Alors il m'eût tué mille fois... avant que de toucher Murph. Hélas! le sort en a décidé autrement.... Continue, mon garçon.

— Voulant donc employer mon temps pour vous, monsieur Rodolphe, je me dis: Faut aller m'embosser quelque part d'où je puisse voir les murs, la porte du jardin; il n'y a que cette entrée-là.... Si je trouve un bon coin... il pleut, j'y resterai toute la journée, toute la nuit surtout, et demain matin je serai tout porté... Je m'étais dit ça sur le coup de deux heures, aux Batignolles, où j'avais été manger un morceau en vous quittant, monsieur Rodolphe... Je reviens aux Champs-Élysées... je cherche à me nicher. Qu'est-ce que je vois? Un petit bouchon à dix pas de votre porte... Je m'établis au rez-de-chaussée, près de la fenêtre; je demande un litre et un quarteron de noix, disant que j'attends des amis...

un bossu et une grande femme, ça a l'air plus naturel. Je m'installe, et me voilà à dévisager votre porte... Il pleuvait le tremblement ; personne ne passait, la nuit venait...

— Mais — dit Rodolphe en interrompant le Chourineur — pourquoi n'es-tu pas allé chez moi ?

— Vous m'avez dit de revenir le lendemain matin, monsieur Rodolphe... Je n'ai pas osé revenir avant. J'aurais eu l'air de faire le câlin, le *brosseur*, comme disent les troupiers... Après tout, je sais ce que je suis, un *fagot affranchi* (1); et quand quelqu'un comme vous est avec moi comme vous êtes, monsieur Rodolphe.... il ne faut aller à lui que s'il vous dit : *Viens !* Après ça, je verrais une araignée sur le collet de votre habit que je vous l'ôterais et je l'écraserais sans vous en demander la permission... vous comprenez ?... J'étais donc à la fenêtre du bouchon, cassant mes noix et buvant ma piquette, lorsqu'à travers le brouillard je vois débouler la Chouette avec le *môme* à Bras-Rouge, le petit Tortillard,

(1) **Forçat libéré.**

— Bras-Rouge! il est donc le maître du cabaret souterrain des Champs-Élysées? — s'écria Rodolphe.

— Oui, monsieur Rodolphe; vous ne le saviez pas?

— Non, je croyais qu'il demeurait dans la Cité...

— Il y demeure aussi... il demeure partout, Bras-Rouge... C'est un fin et fier gueux, allez, avec sa perruque jaune et son nez pointu!... Finalement, quand je vois débouler la Chouette et Tortillard, je me dis: Bon, ça va chauffer! En effet, Tortillard se blottit dans un des fossés de l'allée, en face votre porte, comme s'il se mettait à l'abri de l'ondée, et il fait la taupe... La Chouette, elle, ôte son bonnet, le met dans sa poche, et sonne à la porte. Ce pauvre M. Murph, votre ami, vient ouvrir à la borgnesse; et la voilà qui fait ses grands bras en courant dans le jardin. Je donnais en moi-même ma langue aux chiens de ne pouvoir deviner ce que venait faire la Chouette... Enfin elle ressort, remet son bonnet, dit deux mots à Tortillard, qui rentre dans son trou ; et elle détale... Je me continue:

Minute !... ne nous embrouillons pas. Tortillard est venu avec la Chouette ; le Maître d'école et M. Rodolphe sont donc chez Bras-Rouge. La Chouette est venue *battre l'antif* (1) dans la maison ; ils vont donc faire le coup ce soir. S'ils font le coup ce soir, M. Rodolphe, qui croit qu'il se fera demain, est donc enfoncé. Si M. Rodolphe est enfoncé, je dois aller chez Bras-Rouge, voir de quoi il retourne ; oui, mais si pendant ce temps-là le Maître d'école arrive... c'est juste...Alors, tant pis, je vais entrer dans la maison et dire à M. Murph : Méfiez-vous... Oui, mais cette petite vermine de Tortillard est près de la porte, il m'entendra sonner, il me verra, il donnera l'éveil à la Chouette ; si elle revient... ça gâtera tout... d'autant plus que M. Rodolphe s'est peut-être arrangé autrement pour ce soir... Tonnerre ! ces oui et ces non me papillotaient dans la cervelle... J'étais abruti, je n'y voyais plus que du feu... je ne savais que faire ; je me dis : Je vais sortir, le grand air me conseillera peut-être. Je sors... il me conseille ; j'ôte ma

---

(1) Espionner.

blouse et ma cravate, je vas au fossé de Tortillard, je prends le moutard par la peau du dos, il a beau gigotter, m'égratigner et piailler... je l'entortille dans ma blouse comme dans un sac, j'en noue un bout avec les manches, l'autre avec ma cravate, il pouvait respirer; je prends le paquet sous mon bras, je vois près de là un jardin maraîcher entouré d'un petit mur ; je jette Tortillard au milieu d'un plant de carottes ; il grognait sourd comme un cochon de lait, mais à deux pas on ne l'entendait pas... Je file, il était temps! je grimpe sur un des grands arbres de l'allée, juste en face votre porte, au-dessus du fossé de Tortillard. Dix minutes après, j'entends marcher; il pleuvait toujours. Il faisait si noir... si noir, que le *boulanger* (1) aurait marché sur sa queue..... J'écoute, c'était la Chouette : — « Tortillard!... Tortillard! » — qu'elle dit tout bas. — Oui, cherche ton Tortillard. — « Il pleut, le *môme* se sera lassé d'attendre — dit le Maître d'école en jurant. — Si je l'attrape, je l'écorche!!! — Fourline,

---

(1) Le diable.

prends garde!—reprit la Chouette;—peut-être qu'il sera venu nous prévenir de quelque chose... Si c'était une souricière?... l'autre ne voulait faire le coup qu'à dix heures...—C'est pour ça — répond le Maître d'école; — il n'en est que sept. Tu as vu l'argent... Qui ne risque rien n'a rien; donne-moi la pince et le ciseau froid. »

— Ces instruments... — demanda Rodolphe.

— Ils venaient de chez Bras-Rouge; oh! il a une maison bien montée... En un rien la porte est forcée. — « Reste là — dit le Maître d'école à la Chouette; attention, et *crible à la grive* (1) si tu entends quelque chose. — Passe ton *surin* (2) dans une boutonnière de ton gilet, pour le pouvoir tirer tout de suite » — dit la borgnesse. Et le Maître d'école entre dans le jardin... Je me dis tout de suite : M. Rodolphe n'est pas là; il est mort ou vivant dans ce moment-ci; je n'y peux rien, mais les amis de nos amis sont nos... Oh! non; pardon, monseigneur!

(1) Crie: Prends garde.
(2) Ton stylet.

— Va, va. Eh bien?

— Je me dis : Le Maître d'école peut assassiner M. Murph, l'ami à M. Rodolphe, qui ne s'attend à rien... C'est là où ça chauffe d'abord; je saute de mon arbre, je tombe sur la Chouette; je l'étourdis de deux coups de poing... choisis... elle tombe sans souffler... J'entre dans le jardin... Tonnerre! monsieur Rodolphe!!!... c'était trop tard...

— Pauvre Murph!!...

—Entendant du bruit à la porte, il était sans doute sorti du vestibule, il se roulait avec le Maître d'école sur le petit perron; déjà blessé, il tenait toujours ferme, sans crier au secours. Brave homme! il est comme les bons chiens : des coups de dent, pas de coups de gueule, que je me dis... et je me jette à pile ou face sur tous les deux, en empoignant le Maître d'école par une gigue, c'était le seul morceau disponible pour le moment. — Vive la Charte! c'est moi! le Chourineur! *Part à deux*, monsieur Murph! — « Ah! brigand! mais d'où sors-tu donc? » — me crie le Maître d'école, étourdi de ça. — « Curieux, va! » — que je lui réponds en lui tenaillant une de ses jambes entre mes genoux, et en lui empoignant un aileron, c'était celui du poignard, c'était le bon... — « Eh... Rodolphe? » — me crie M. Murph, tout en m'aidant.

— Brave, excellent homme! — murmura Rodolphe avec douleur.

« — Je n'en sais rien — que je réponds. — Ce gueux-là l'a peut-être tué...» Et je redouble sur le Maître d'école, qui tâchait de me larder avec son poignard; mais j'étais couché la poitrine sur son bras, il n'avait que le poignet de libre. — « Vous êtes donc tout seul? — » que je dis à M. Murph, en continuant de nous débattre avec le Maître d'école. — « Il y a du monde près d'ici, mais on ne m'entendrait pas crier. — Est-ce loin? — Il y en a pour dix minutes. — Crions au secours, s'il y a des passants ils viendront nous aider. — Non; puisque nous le tenons, il faut le garder ici... Mais je me sens faible... je suis blessé, » me dit M. Murph. — « Tonnerre, alors!! courez chercher du secours, si vous en avez le temps. Je tâcherai de le retenir; ôtez-lui son couteau, aidez-moi seulement à me mettre sur lui; quoiqu'il soit deux fois fort comme moi, je

m'en charge, une fois que je l'aurai accroché. »
— Le Maître d'école ne disait rien, on ne l'entendait que souffler comme un bœuf; mais tonnerre!! quels efforts... M. Murph n'avait pas pu lui arracher son poignard, la poigne de cet homme-là c'est un étau. Enfin, en pesant toujours de tout mon corps sur son bras droit, je lui passe mes deux mains derrière le cou, et je les joins... comme si je voulais l'embrasser... De le crocher comme ça, c'était mon ambition; alors je dis à M. Murph : — « Dépêchez-vous... je vous attends. Si vous avez quelqu'un de trop..... faites ramasser la Chouette derrière la porte du jardin, je l'ai engourdie... » Je reste seul avec le Maître d'école... Il savait ce qui l'attendait.

— Il ne le savait pas!.. ni toi non plus, mon brave — dit Rodolphe d'un air sombre, les traits contractés par cette expression dure, presque féroce, dont nous avons parlé.

Le Chourineur étonné dit à Rodolphe :

— Je croyais que le Maître d'école se doutait de ce qui l'attendait; car, tonnerre! c'est pas pour me vanter... mais il y a eu un moment où je n'étais pas à la noce... Nous étions moitié par terre, moitié sur la dernière dalle du perron... J'avais mes bras autour de son cou... ma joue contre sa joue... J'entendais ses dents grincer... Il faisait noir... il pleuvait toujours... et la lampe restée dans le vestibule nous éclairait un peu... J'avais passé une de ses jambes dans les miennes... Malgré ça, il avait les reins si forts qu'il nous soulevait tous les deux à un pied de terre... Il voulait me mordre, mais il ne pouvait pas... Jamais je ne m'étais senti si vigoureux... Tonnerre!.. le cœur me battait... mais dans un bon endroit... Je me disais : Je suis comme quelqu'un qui s'accrocherait à un chien enragé pour l'empêcher de se jeter sur le monde... — « Laisse-moi me sauver, et je ne te ferai rien » — me dit le Maître d'école. — « Ah! tu es lâche! » — que je lui dis; — « ton courage n'est donc que ta force? Tu n'aurais pas osé assassiner le marchand de bœufs de Poissy pour le voler s'il avait été seulement aussi fort que moi, hein? — Non — me dit-il — mais je vais te tuer comme lui. »

— En disant ça il fit un haut-le-corps si violent en roidissant les jambes en même temps, qu'il me jeta de côté; mais j'avais toujours mes mains croisées sous sa tête... et son bras droit sous moi... Une fois qu'il a eu les deux jambes libres, il s'en est solidement servi... Ça lui a donné de l'élan... Il m'a retourné à demi... Si je n'avais pas tenu bon le bras du poignard... j'étais fini... Dans ce moment-là mon poignet gauche a porté à faux; j'ai été obligé de desserrer les doigts... Ça se gâtait... Je me dis : Je suis dessous, il est dessus; il va me tuer... C'est égal, j'aime mieux ma place que la sienne... monsieur Rodolphe m'a dit que j'avais du cœur et de l'honneur... Je sens que c'est vrai... J'en étais là quand j'aperçois la Chouette tout debout sur le perron... avec son œil rond et son châle rouge... Tonnerre! j'ai cru avoir le cauchemar...— « Finette! — lui crie le Maître d'école — j'ai laissé tomber le couteau ; ramasse-le... là... sous lui... et frappe... dans le dos, entre les deux épaules... — Attends, attends, fourline... que je m'y reconnaisse. »— Et voilà la Chouette qui tourne... qui tourne autour de nous comme un oiseau de malheur qu'elle était. Enfin elle voit le poignard... veut sauter dessus... J'étais à plat ventre, je lui envoie un coup de talon dans l'estomac, je la renverse; mais elle se lève et s'acharne... Je n'en pouvais plus ; je me cramponnais encore au Maître d'école ; mais il me donnait en dessous des coups si forts dans la mâchoire, que j'allais tout lâcher... Je commençais à m'étourdir... lorsque je vois trois ou quatre gaillards armés qui dégringolent le perron... et M. Murph, tout pâle, se soutenant à peine sur monsieur le médecin... On empoigne le Maître d'école et la Chouette, et ils sont ficelés... C'était pas tout, ça. Il me fallait M. Rodolphe... Je saute sur la Chouette, je me souviens de la dent de la pauvre Goualeuse, je lui empoigne le bras, et je le lui tords en lui disant : — « Où est monsieur Rodolphe?.. » Elle tient bon. Au second tour elle me crie : — « Chez Bras-Rouge, dans la cave, au *Cœur-Saignant*... » Bon... En passant, je veux prendre Tortillard dans sa planche de carottes ; c'était mon chemin... Je regarde... il n'y avait plus rien que ma blouse... il l'avait rongée avec ses dents. J'arrive au *Cœur-Saignant*, je saute à la gorge de Bras-Rouge... « Où est le jeune homme qui est venu ici ce soir avec le Maître d'école? — Ne me serre pas si fort, je vais te le dire :

on a voulu lui faire une farce, on l'a enfermé dans ma cave; nous allons lui ouvrir. » —Nous descendons... personne... — « Il sera sorti pendant que j'avais le dos tourné — dit Bras-Rouge — tu vois bien qu'il n'y a personne. » —Je m'en allais tout triste, lorsqu'à la lueur de la lanterne je vois une autre porte. J'y cours, je tire à moi, je reçois comme qui dirait un fameux seau d'eau sur la boule. Je vois vos deux pauvres bras en l'air... je vous repêche et je vous apporte ici sur mon dos, vu qu'il n'y avait personne pour aller chercher un fiacre. Voilà, monsieur Rodolphe;.. et je puis dire, sans me vanter, que je suis fièrement content!..

— Mon garçon, je te dois la vie... c'est une dette... je l'acquitterai, sois-en sûr, et de toutes les façons... Tu as tant de cœur... que tu partageras le sentiment qui m'anime à cette heure... je ressens une affreuse inquiétude pour l'ami que tu as si vaillamment sauvé, et un besoin de vengeance féroce contre celui qui a failli vous tuer tous deux...

— Je comprends ça, monsieur Rodolphe... sauter sur vous en traître, vous jeter dans une cave, et vous porter évanoui dans un caveau pour vous noyer, ça mérite ce qui revient au Maître d'école... Il m'a avoué qu'il avait assassiné le marchand de bœufs... Je ne suis pas capon, mais, tonnerre!... j'irais cette fois de bon cœur chercher la garde pour le faire empoigner, le brigand!

— David, voulez vous aller savoir des nouvelles de Murph?— dit Rodolphe, sans répondre au Chourineur. — Vous reviendrez ensuite.

Le noir sortit.

— Sais-tu où est le Maître d'école, mon garçon?

— Dans une salle basse, avec la Chouette. Vous allez envoyer chercher la garde, monsieur Rodolphe?

— Non...

— Est-ce que vous voudriez le lâcher?... Ah! monsieur Rodolphe, pas de ces générosités-là... J'en reviens à ce que j'ai dit, c'est un chien enragé...Prenez garde aux passants!

— Il ne mordra plus personne... rassure-toi!

— Vous allez donc le renfermer quelque part?

— Non! dans une demi-heure il sortira d'ici.
— Le Maître d'école?
— Oui...
— Sans gendarmes?
— Oui...
— Comment, il sortira d'ici libre?
— Libre...
— Et tout seul?
— Oui, tout seul...
— Mais il ira...?
— Où il voudra — dit Rodolphe en interrompant le Chourineur avec un sourire qui l'épouvanta.

Le noir rentra.

— Eh bien! David... et Murph?...
— Il sommeille... monseigneur — dit tristement le médecin. — La respiration est toujours... oppressée...
— Toujours du danger?...
— Sa position... est très-grave, monseigneur... Pourtant... il faut espérer...
— Oh! Murph! vengeance!... vengeance!...
— s'écria Rodolphe avec une fureur froide et concentrée. Puis il ajouta : — David..... un mot...

Et il parla tout bas à l'oreille du noir.

Celui-ci tressaillit.

— Vous hésitez? — lui dit Rodolphe. — Je vous ai pourtant souvent entretenu de cette idée... Le moment de l'appliquer est venu...

— Je n'hésite pas, monseigneur... Cette idée, je l'approuve... elle renferme toute une réforme pénale digne de l'examen des grands criminalistes, car cette peine serait à la fois... simple... terrible... et juste... Dans ce cas-ci, elle est applicable. Sans nombrer les crimes qui ont jeté ce brigand au bagne pour sa vie... il a commis trois meurtres... le marchand de bœufs... Murph... et vous... c'est justice...

— Et il aura encore devant lui l'horizon sans bornes du repentir... — ajouta Rodolphe. — Bien, David... vous me comprenez...

— Nous concourons à la même œuvre... monseigneur.

Après un moment de silence, Rodolphe ajouta :

— Ensuite cinq mille francs lui suffiront-ils, David?

— Parfaitement, monseigneur...

— Mon garçon — dit Rodolphe au Chourineur ébahi — j'ai deux mots à dire à monsieur. Pendant ce temps-là, va dans la chambre à côté... tu trouveras un grand portefeuille rouge sur un bureau; tu y prendras cinq billets de mille francs que tu m'apporteras...

— Et pour qui ces cinq mille francs? — s'écria involontairement le Chourineur.

— Pour le Maître d'école... et tu diras en même temps qu'on l'amène ici...

CHAPITRE XXI.

LA PUNITION.

La scène se passe dans un salon tendu de rouge, brillamment éclairé.

Rodolphe, revêtu d'une longue robe de chambre de velours noir, qui augmente encore la pâleur de sa figure, est assis devant une grande table recouverte d'un tapis. Sur cette table on voit deux portefeuilles, celui qui a été volé à Tom par le Maître d'école dans la Cité, et celui qui appartient à ce brigand ; la chaîne de similor de la Chouette, à laquelle est suspendu le petit saint-esprit de lapis-lazuli, le stylet encore ensanglanté qui a frappé Murph, la pince de fer qui a servi à l'effraction de la porte, et enfin les cinq billets de mille francs que le Chourineur a été chercher dans une pièce voisine.

Le docteur nègre est assis d'un côté de la table, le Chourineur de l'autre.

Le Maître d'école, étroitement garrotté, hors d'état de faire un mouvement, est placé dans un grand fauteuil à roulettes, au milieu du salon.

Les gens qui ont apporté cet homme se sont retirés.

Rodolphe, le docteur, le Chourineur et l'assassin restent seuls.

Rodolphe n'est plus irrité : il est calme, triste, recueilli ; il va accomplir une mission solennelle et formidable.

Le docteur est pensif.

Le Chourineur ressent une crainte vague; il ne peut détacher son regard du regard de Rodolphe.

Le Maître d'école est livide... il a peur...

Une arrestation légale lui eût paru moins redoutable peut-être, son audace ne l'eût pas abandonné devant un tribunal ordinaire; mais tout ce qui l'entoure le surprend, l'effraie; il est au pouvoir de Rodolphe, qu'il considérait comme un artisan capable de le trahir ou de faiblir à l'heure du crime, et qu'il a voulu sacrifier à ce soupçon et à l'espoir de profiter seul du vol.....

Et à cette heure Rodolphe lui apparaît terrible et imposant comme la justice.

Le plus profond silence règne au dehors. Seulement l'on entend le bruit de la pluie qui tombe... tombe du toit sur le pavé.

Rodolphe s'adresse au Maître d'école :

— Échappé du bagne de Rochefort, où vous aviez été condamné à perpétuité... pour crime de faux, de vol et de meurtre... vous êtes Anselme Duresnel.

— C'est faux; qu'on me le prouve! — dit le Maître d'école d'une voix altérée, en jetant autour de lui son regard fauve et inquiet.

— Comment! — s'écria le Chourineur — nous n'étions pas ensemble à Rochefort?

Rodolphe fit un signe au Chourineur, qui se tut.

Rodolphe continua :

— Vous êtes Anselme Duresnel... vous en conviendrez plus tard...; vous avez assassiné et volé un marchand de bestiaux sur la route de Poissy.

— C'est faux !

—Vous en conviendrez plus tard.

Le brigand regarda Rodolphe avec surprise.

—Cette nuit, vous vous êtes introduit ici pour voler; vous avez poignardé le maître de cette maison...

—C'est vous qui m'avez proposé ce vol— dit le Maître d'école en reprenant un peu d'assurance; —on m'a attaqué... je me suis défendu.

—L'homme que vous avez frappé ne vous a pas attaqué... il était sans armes! Je vous ai proposé ce vol... c'est vrai... je vous dirai tout à l'heure dans quel but. La veille, après avoir dévalisé un homme et une femme dans la Cité, après leur avoir volé le portefeuille que voici, vous leur avez offert de me tuer pour mille francs!...

—Je l'ai entendu —s'écria le Chourineur.

Le Maître d'école lui lança un regard de haine féroce.

Rodolphe reprit :

—Vous le voyez, vous n'aviez pas besoin d'être tenté par moi pour faire le mal!...

— Vous n'êtes pas juge d'instruction, je ne vous répondrai plus...

— Voici pourquoi je vous avais proposé ce vol : je vous savais évadé du bagne... vous connaissiez les parents d'une infortunée dont la Chouette, votre complice, a presque causé tous les malheurs... Je voulais vous attirer ici par l'appât d'un vol, seul appât capable de vous séduire. Une fois en mon pouvoir, je vous laissais le choix ou d'être remis entre les mains de la justice, qui vous faisait payer de votre tête l'assassinat du marchand de bestiaux...

— C'est faux ! ce n'est pas moi.

— Ou d'être conduit hors de France, par mes soins, et dans un lieu de réclusion perpétuelle, mais à la condition que vous me donneriez les renseignements que je voulais avoir. Vous étiez condamné à perpétuité, vous aviez rompu votre ban. En m'emparant de vous, en vous mettant désormais dans l'impossibilité de nuire, je servais la société, et par vos aveux je trouvais moyen de rendre peut-être une famille à une pauvre créature plus malheureuse encore que coupable. Tel était d'abord mon projet ; il n'était pas légal ;

mais, par votre évasion et par vos nouveaux crimes, vous êtes hors la loi... Hier une révélation providentielle m'a appris votre véritable nom.

— C'est faux! je ne m'appelle pas Duresnel.

Rodolphe prit sur la table la chaîne de la Chouette, et, montrant au Maître d'école le petit saint-esprit de lapis-lazuli :

— Sacrilége ! — s'écria Rodolphe d'un voix menaçante. — Vous avez prostitué à une créature infâme cette relique sainte... trois fois sainte!... car votre enfant tenait ce don pieux de sa mère et de son aïeule!

Le Maître d'école, stupéfait de cette découverte, baissa la tête sans répondre.

— Hier j'ai appris que vous aviez enlevé votre fils à sa mère, il y a quinze ans, et que vous seul possédiez le secret de son existence; ce nouveau méfait m'a été un motif de plus de m'assurer de vous ; sans parler de ce qui m'est personnel... ce n'est pas cela que je venge... Cette nuit vous avez encore une fois versé le sang, sans provocation. L'homme que vous avez assassiné est venu à vous avec confiance, ne soupçonnant pas votre rage sanguinaire. Il vous a demandé ce que vous vouliez.—« Ton argent et ta vie!...»et vous l'avez frappé d'un coup de poignard.

— Tel a été le récit de M. Murph lorsque je lui ai donné les premiers secours — dit le docteur.

— C'est faux, il a menti.

— Murph ne ment jamais — dit froidement Rodolphe. — Vos crimes demandent une réparation éclatante. Vous vous êtes introduit à main armée dans ce jardin, vous avez poignardé un homme pour le voler. Vous avez commis un autre meurtre... Vous allez mourir ici... Par pitié pour votre femme et pour votre fils, on vous sauvera la honte de l'échafaud.... On dira que vous avez été tué dans une attaque à main armée... Préparez-vous... les armes sont chargées.

La physionomie de Rodolphe était implacable...

Le Maître d'école avait remarqué dans une pièce précédente deux hommes armés de carabines... Son nom était connu; il pensa en effet qu'on allait se débarrasser de lui pour ensevelir dans l'ombre ses derniers crimes et sauver ce nouvel opprobre à sa famille.

Comme ses pareils, cet homme était aussi lâche que féroce. Croyant son heure arrivée, il trembla convulsivement, ses lèvres blanchirent; d'une voix strangulée il cria :

— Grâce !...

— Il n'y a pas de grâce pour vous — dit Rodolphe. — Si l'on ne vous brûle pas la cervelle ici, l'échafaud vous attend...

— J'aime mieux l'échafaud.... Je vivrai au moins deux ou trois mois encore... Qu'est-ce que cela vous fait, puisque je serai puni ensuite?... Grâce !... grâce !...

— Mais votre femme... mais votre fils... ils portent votre nom...

— Mon nom est déjà déshonoré... Quand je ne devrais vivre que huit jours, grâce!...

— Pas même ce mépris de la vie qu'on trouve quelquefois chez les grands criminels! — dit Rodolphe avec dégoût.

— D'ailleurs la LOI défend de se faire justice soi-même, — reprit le Maître d'école avec assurance.

— La loi ! — s'écria Rodolphe — la loi !...

Vous osez invoquer la loi, vous qui depuis vingt ans vivez en révolte ouverte et armée contre la société?...

Le brigand baissa la tête sans répondre, puis il dit d'un ton plus humble :

— Au moins laissez-moi vivre, par pitié!

— Me direz-vous où est votre fils?

— Oui... oui... Je vous dirai tout ce que j'en sais...

— Me direz-vous quels sont les parents de cette jeune fille dont l'enfance a été torturée par la Chouette?

— Il y a là, dans mon portefeuille, des papiers qui vous mettront sur leur trace... Il paraît que sa mère est une grande dame...

— Où est votre fils?

— Vous me laisserez vivre?...

— Confessez tout d'abord.

— C'est que, quand vous saurez... — dit le Maître d'école avec hésitation.

— Tu l'as tué!...

— Non... non... je l'ai confié à un de mes complices qui, lorsque j'ai été arrêté, a pu s'évader...

— Qu'en a-t-il fait?

— Il l'a élevé; il lui a donné les connaissances nécessaires pour entrer dans le commerce, afin de nous servir et... Mais je ne dirai pas le reste, à moins que vous ne me promettiez de ne pas me tuer.

— Des conditions, misérable!...

— Eh bien! non, non; mais pitié; faites-moi seulement arrêter comme coupable du crime d'aujourd'hui; ne parlez pas de l'autre.... Laissez-moi la chance de sauver ma tête...

— Tu veux donc vivre?

— Oh! oui, oui; qui sait?... On ne peut pas prévoir ce qui arrive — dit involontairement le brigand.

Il songeait déjà à la possibilité d'une nouvelle évasion.

— Tu veux vivre à tout prix... vivre?

— Mais vivre... quand ce serait à la chaîne! pour un mois, pour huit jours... Oh! que je ne meure pas là à l'instant...

— Confesse tous tes crimes, tu vivras.

— Je vivrai? oh! bien vrai?... je vivrai?....

— Écoute, par pitié pour ta femme, pour

ton fils, je veux te donner un sage conseil : meurs aujourd'hui, meurs...

— Oh! non, non, ne revenez pas sur votre promesse... laissez-moi vivre... l'existence la plus affreuse, la plus épouvantable n'est rien auprès de la mort...

— Tu le veux?

— Oh! oui, oui...

— Tu le veux?

— Oh! je ne m'en plaindrai jamais.

— Et ton fils, qu'en as-tu fait?

— Cet ami dont je vous parle lui avait fait apprendre la tenue des livres pour le mettre dans une maison de banque, afin qu'il pût nous renseigner.... à certains égards. C'était convenu entre nous. Quoiqu'à Rochefort, et en attendant mon évasion, je dirigeais le plan de cette entreprise, nous correspondions par chiffres.

— Cet homme m'épouvante! — s'écria Rodolphe en frémissant; — il est des crimes que je ne soupçonnais pas... Avoue... avoue... pourquoi voulais-tu faire entrer ton fils chez un banquier?

— Pour.., vous entendez bien... étant d'accord avec nous....sans le paraître...inspirer de la confiance au banquier... nous seconder.... et.....

— Oh! mon Dieu! son fils... son fils!! — s'écria Rodolphe avec une douloureuse horreur, en cachant sa tête dans ses mains.

— Mais il ne s'agissait que de faux! — s'écria le brigand; — et encore, quand on lui a révélé ce qu'on attendait de lui, mon fils s'est indigné... Après une scène violente avec la personne qui l'avait élevé pour nos projets, il a disparu.... Il y a dix-huit mois de cela.... Depuis, on ne sait pas ce qu'il est devenu.... Vous verrez là, dans mon portefeuille, l'indication des démarches que cette personne a tentées pour le retrouver... dans la crainte qu'il ne dénonçât l'association; mais on a perdu ses traces à Paris. La dernière maison qu'il a habitée était rue du Temple, n° 14, sous le nom de François Germain; l'adresse est aussi dans mon portefeuille. Vous voyez... j'ai tout dit... tout... Tenez votre promesse, faites-moi seulement arrêter pour le vol de ce soir.

— Et le marchand de bestiaux de Poissy?

— Il est impossible que cela se découvre, il n'y a pas de preuves. Je veux bien vous l'avouer à vous, pour montrer ma bonne volonté; mais devant le juge je nierais...

— Tu l'avoues donc?

— J'étais dans la misère, je ne savais comment vivre... c'est la Chouette qui m'a conseillé... Maintenant je me repens... vous voyez, puisque j'avoue... Ah! si vous étiez assez généreux pour ne pas me livrer à la justice, je vous donnerais ma parole d'honneur de ne pas recommencer.

— Tu vivras... et je ne te livrerai pas à la justice.

— Vous me pardonnez? — s'écria le Maître d'école, ne croyant pas à ce qu'il entendait — vous me pardonnez?

— Je te juge... et je te punis! — s'écria Rodolphe d'une voix tonnante. Je ne te livrerai pas à la justice, parce que tu irais au bagne ou à l'échafaud, et il ne faut pas cela... non, il ne le faut pas... Au bagne? pour dominer encore cette tourbe par ta force et ta scélératesse! pour satisfaire encore tes instincts d'oppression brutale!... pour être abhorré, redouté de tous ; car le crime a son orgueil, et tu te réjouis dans ta monstruosité !... Au bagne? non, non : ton corps de fer défie les labeurs de la chiourme et le bâton des argousins. Et puis les chaînes se brisent, les murs se percent, les remparts s'escaladent ; et quelque jour encore tu romprais ton banc pour te jeter de nouveau sur la société, comme une bête féroce enragée, marquant ton passage par la rapine et par le meurtre... car rien n'est à l'abri de ta force d'Hercule et de ton couteau ; et il ne faut pas que cela soit... non, il ne le faut pas ! Puisqu'au bagne tu briserais ta chaîne... pour garantir la société de ta rage, que faire? te livrer au bourreau ?

—Mais c'est donc ma mort que vous voulez? — s'écria le brigand — c'est donc ma mort?

— La mort?... Ne l'espère pas... tu es si lâche, tu la crains tant... la mort... que jamais tu ne la croirais imminente ! Dans ton acharnement à vivre, dans ton espérance obstinée, tu échapperais aux angoisses de sa formidable approche! Espérance stupide, insensée !... il n'importe... elle te voilerait l'horreur expiatrice du supplice ; tu n'y croirais que sous l'ongle du bourreau! Et alors, abruti par la terreur, ce ne serait plus qu'une masse inerte, insensible, qu'on offrirait en holocauste aux mânes de tes victimes... Cela ne se peut pas... tu aurais cru te sauver jusqu'à la dernière minute... Toi, monstre... espérer? Comment! l'espérance viendrait suspendre ses doux et consolants mirages aux murs de ton cabanon... jusqu'à ce que la mort ait terni ta prunelle?... Allons donc!... le vieux Satan rirait trop!... Si tu ne te repens pas... je ne veux plus que tu espères dans cette vie, moi...

— Mais qu'est-ce que j'ai fait à cet homme?.. qui est-il? que veut-il de moi? où suis-je?..— s'écria le Maître d'école presque dans le délire.

Rodolphe continua :

— Si, au contraire, tu bravais effrontément la mort, il ne faudrait pas non plus te livrer au supplice... Pour toi l'échafaud serait un sanglant tréteau où, comme tant d'autres, tu ferais parade de ta férocité... où, insouciant d'une vie misérable, tu damnerais ton âme dans un dernier blasphème!... Il ne faut pas cela non plus... Il n'est pas bon au peuple de voir le condamné badiner avec le couperet, narguer le bourreau et souffler en ricanant sur la divine étincelle que le Créateur a mise en nous... C'est quelque chose de sacré que le salut d'une âme. Tout crime s'expie et se rachète, a dit le Sauveur, mais pour qui veut sincèrement expiation et repentir. Du tribunal à l'échafaud le trajet est trop court. Il ne faut donc pas que tu meures ainsi.

Le Maître d'école était anéanti... Pour la première fois de sa vie il y eut quelque chose qu'il redouta plus que la mort... Cette crainte vague était horrible...

Le docteur nègre et le Chourineur regardaient Rodolphe avec angoisse; ils écoutaient en frémissant cet accent sonore, tranchant, impitoyable comme le fer d'une hache; ils sentaient leur cœur se serrer douloureusement.

Rodolphe continua :

— Anselme Duresnel, tu n'iras donc pas au bagne... tu ne mourras donc pas...

— Mais que voulez-vous de moi?... c'est donc l'enfer qui vous envoie?

— Écoute... — dit Rodolphe en se levant d'un air solennel et en donnant à son geste une autorité menaçante : — Tu as criminellement abusé de ta force... je paralyserai ta force... Les plus vigoureux tremblaient devant toi... tu trembleras devant les plus faibles... Assassin... tu as plongé des créatures de Dieu dans la nuit éternelle... les ténèbres de l'éternité commenceront pour toi dans cette vie... aujourd'hui... tout à l'heure... Ta punition enfin égalera tes crimes... Mais — ajouta Rodolphe avec une sorte de pitié douloureuse — cette punition épouvantable te laissera du moins l'horizon sans bornes de l'expiation... Je serais aussi criminel que toi si, en te punissant, je ne satisfaisais qu'une vengeance, si juste qu'elle fût... Loin d'être stérile comme la mort... ta punition doit être féconde; loin de te damner... elle te peut racheter... Si, pour te mettre hors d'état de nuire... je te dépossède à jamais des splendeurs de la création... si je te plonge dans une nuit impénétrable... seul... avec le souvenir de tes forfaits... c'est pour que tu contemples incessamment leur énormité... Oui... pour toujours isolé du monde extérieur... tu seras forcé de toujours regarder en toi... et alors, je l'espère, ton front bronzé par l'infamie rougira de honte... ton âme endurcie par la férocité... corrodée par le crime... s'amollira par la commisération... Chacune de tes paroles est un blasphème... chacune de tes paroles sera une prière... Tu es audacieux et cruel parce que tu es fort... tu seras doux et humble parce que tu seras faible... Ton cœur est fermé au repentir... un jour tu pleureras tes victimes... Tu as dégradé l'intelligence que Dieu avait mise en toi, tu l'as réduite à des instincts de rapine et de meurtre... d'homme tu t'es fait bête sauvage... un jour ton intelligence se retrempera par le remords, se relèvera par l'expiation... Tu n'as pas même respecté ce que respectent les bêtes sauvages... leurs femelles et leurs petits... Après une longue vie consacrée à la rédemption de tes crimes, ta dernière prière sera pour supplier Dieu de t'accorder le bonheur inespéré de mourir entre ta femme et ton fils...

En disant ces dernières paroles, la voix de Rodolphe s'était tristement émue.

Le Maître d'école ne ressentait presque plus de terreur... il crut que Rodolphe avait voulu l'effrayer avant que d'arriver à cette *moralité*. Presque rassuré par la douceur de l'accent de son *juge*, le brigand, d'autant plus insolent qu'il était moins effrayé, dit avec un rire grossier :

—Ah çà! devinons-nous des charades? ou sommes-nous au catéchisme ici?...

Le noir regarda Rodolphe avec inquiétude; il s'attendait à un accès de fureur de sa part.

Il n'en fut rien... Le jeune homme secoua la tête avec une ineffable expression de tristesse, et dit au docteur:

—Faites, David... Que Dieu me punisse seul si je me trompe!...

Et Rodolphe cacha sa figure dans ses deux mains.

A ces mots : — Faites, David, — le nègre sonna.

Deux hommes vêtus de noir entrèrent. D'un signe le docteur leur montra la porte d'un cabinet latéral.

Les deux hommes y roulèrent le fauteuil où le Maître d'école était garrotté de façon à ne pouvoir faire un mouvement. La tête était fixée au dossier par une écharpe qui entourait le cou et les épaules.

— Assujettissez le front au fauteuil avec un mouchoir, et bâillonnez-le avec un autre — dit David sans entrer dans le cabinet.

— Vous voulez donc m'égorger maintenant?... grâce!... — dit le Maître d'école — grâce!... et...

Puis l'on n'entendit plus rien qu'un murmure confus.

Les deux hommes reparurent... Le docteur leur fit un signe, ils sortirent...

— Monseigneur?.. — dit une dernière fois le noir à Rodolphe, d'un air interrogatif.

— Faites — répondit Rodolphe sans changer de position.

David entra lentement dans le cabinet.

— Monsieur Rodolphe, j'ai peur — dit le Chourineur tout pâle et d'une voix tremblante. — Monsieur Rodolphe, parlez-moi donc... j'ai peur... est-ce que je rêve?.. Mais qu'est-ce donc qu'il lui fait, au Maître d'école, le nègre? Monsieur Rodolphe, on n'entend rien... Ça me fait plus peur encore...

David sortit du cabinet; il était pâle comme

le sont les nègres. Ses lèvres étaient blanches.

Il sonna.

Les deux hommes reparurent.

— Ramenez le fauteuil.

On ramena le Maître d'école.

— Otez-lui son bâillon.

On le lui ôta.

— Vous voulez donc me mettre à la torture?.. — s'écria le Maître d'école avec plus de colère que de douleur. — Pourquoi vous êtes-vous amusé à me piquer les yeux ainsi?.. Vous m'avez fait mal..... Est-ce pour me martyriser encore dans l'ombre, que vous avez éteint les lumières ici comme là-dedans?..

Il y eut un moment de silence effrayant.

— Vous êtes aveugle... — dit enfin David d'une voix émue.

— Ça n'est pas vrai... ça n'est pas possible!.. Vous avez fait la nuit... exprès!.. — s'écria le brigand en faisant de violents efforts sur son fauteuil.

— Otez-lui ses liens... qu'il se lève... qu'il marche... — dit Rodolphe.

Les deux hommes firent tomber les liens du Maître d'école.

Il se leva brusquement, fit un pas en tendant ses mains devant lui, puis retomba dans le fauteuil en levant les bras au ciel.

— David, donnez-lui ce portefeuille — dit Rodolphe.

Le nègre mit dans les mains tremblantes du Maître d'école un petit portefeuille.

— Il y a dans ce portefeuille assez d'argent pour t'assurer un abri... et du pain... jusqu'à la fin de tes jours dans quelque solitude. Maintenant tu es libre... va-t'en... et repens-toi... le Seigneur est miséricordieux.

— Aveugle!.. — répéta le Maître d'école en tenant machinalement le portefeuille à sa main.

— Ouvrez les portes... qu'il parte! — dit Rodolphe.

On ouvrit les portes avec fracas.

— Aveugle!.. aveugle!.. aveugle!!!.. — répéta le brigand anéanti. — Mon Dieu... mon Dieu!.. c'est donc vrai!

— Tu es libre... tu as de l'argent... va-t'en!

— Mais je ne puis pas m'en aller... moi!!..

Comment voulez-vous que je fasse?.. je n'y vois plus!!.. — s'écria-t-il avec désespoir. — Mais c'est un crime affreux que d'abuser ainsi de sa force... pour...

— C'est un crime d'abuser de sa force!.. — répéta Rodolphe en l'interrompant d'une voix solennelle. — Et toi, qu'en as-tu fait de ta force?

— Oh! la mort... Oui, j'aurais préféré la mort!.. — s'écria le Maître d'école. — Être à la merci de tout le monde... avoir peur de tout... Un enfant me battrait maintenant... Que faire?.. Mon Dieu! mon Dieu! que faire?..

— Tu as de l'argent...

— On me le volera! — dit le brigand.

— On te le volera!.. Entends-tu ces mots... que tu dis avec crainte... toi qui as volé?.. Va-t'en!..

— Pour l'amour de Dieu — dit le Maître d'école d'un air suppliant — que quelqu'un me conduise!.. Comment vais-je faire dans les rues?.. Ah! tuez-moi! tenez, tuez-moi!.. je vous le demande par pitié... tuez-moi!

— Non... un jour tu te repentiras...

— Jamais... jamais je ne me repentirai!..

24.

— s'écria le Maître d'école avec rage. — Oh! je me vengerai... allez... je me vengerai...

Et, grinçant les dents de rage, il se précipita hors du fauteuil, les poings fermés et menaçants.

Au premier pas qu'il fit, il trébucha.

— Non... non... je ne pourrai pas... et être si fort pourtant!.. Ah! je suis bien à plaindre... Personne n'a pitié de moi... personne!..

Et il pleura.

Il est impossible de peindre l'effroi, la stupeur du Chourineur pendant cette scène terrible : sa sauvage et rude figure exprimait la compassion. Il s'approcha de Rodolphe, et lui dit à voix basse :

— Monsieur Rodolphe, il n'a peut-être que ce qu'il mérite... c'était un fameux scélérat!.. Il a voulu aussi me tuer tantôt; mais maintenant il est aveugle, il pleure... Tenez, tonnerre! il me fait de la peine... Il ne sait comment s'en aller... Il peut se faire écraser dans les rues... Voulez-vous que je le conduise quelque part où il pourra être tranquille au moins?..

— Bien... — dit Rodolphe, ému de cette

générosité, et prenant la main du Chourineur:
— Bien... va...

Le Chourineur s'approcha du Maître d'école et lui mit la main sur l'épaule.

Le brigand tressaillit.

— Qu'est-ce qui me touche? — dit-il d'une voix sourde.

— Moi...

— Qui, toi?

— Le Chourineur.

— Tu viens aussi te venger, n'est-ce pas?

— Tu ne sais pas comment sortir?... prends mon bras... je te vais conduire...

— Toi... toi!

— Oui, tu me fais de la peine... maintenant; viens!

— Tu veux me tendre un piége?

— Tu sais bien que je ne suis pas lâche... je n'abuserais pas de ton malheur... Allons... partons, il fait jour.

— Il fait jour!!! ah! je ne verrai plus jamais quand il fera jour... moi! — s'écria le Maître d'école.

Rodolphe ne put supporter davantage cette scène... il rentra brusquement, suivi de David, en faisant signe aux deux domestiques de s'éloigner.

Le Chourineur et le Maître d'école restèrent seuls.

— Est-ce vrai qu'il y a de l'argent dans le portefeuille qu'on m'a donné? — dit le brigand après un long silence.

— Oui... j'y ai mis moi-même cinq mille francs... Avec cela tu peux te placer en pension quelque part... dans quelque coin, à la campagne, pour le restant de tes jours... ou bien veux-tu que je te mène chez l'ogresse?

— Non! elle me volerait.

— Chez Bras-Rouge?

— Il m'empoisonnerait pour me voler.

— Où veux-tu donc que je te conduise?

— Je ne sais pas... Tu n'es pas voleur, toi, Chourineur. Tiens, cache bien mon portefeuille dans ma veste, que la Chouette ne le voie pas, elle me dévaliserait.

— La Chouette? on l'a portée à l'hôpital Beaujon... En me débattant contre vous deux cette nuit, je lui ai *déformé* une jambe.

— Mais qu'est-ce que je vais devenir? mon Dieu! qu'est-ce que je vais devenir? avec ce rideau noir là, là toujours devant moi!... Et sur ce rideau noir si je voyais paraître les figures pâles et mortes de ceux...

Il tressaillit, et dit d'une voix sourde au Chourineur :

— Cet homme de cette nuit, est-ce qu'il est mort?

— Non...

— Tant mieux!

Et le brigand resta quelque temps silencieux; puis tout à coup il s'écria en bondissant de rage :

— C'est pourtant toi, Chourineur, qui me vaux cela!... Brigand!... sans toi je refroidissais l'homme et j'emportais l'argent... Si je suis aveugle... c'est ta faute... oui, c'est ta faute...

— Ne pense plus à cela... c'est malsain pour toi... Voyons, viens-tu, oui ou non?... je suis fatigué, je veux dormir... C'est assez nocé comme ça... Demain je retourne à mon train de bois... Je vas te conduire où tu voudras, j'irai me coucher après.

— Mais je ne sais où aller, moi... Dans mon garni... je n'ose pas... il faudrait dire...

— Eh bien! écoute : Veux-tu, pour un jour ou deux, venir dans mon chenil?... Je te trouverai peut-être bien des braves gens qui, ne sachant pas qui tu es, te prendront en pension chez eux comme un infirme... Tiens... il y a justement un homme du port Saint-Nicolas, que je connais, dont la mère habite Saint-Mandé; une digne femme... qui n'est pas heureuse... Peut-être bien qu'elle pourrait se charger de toi... Viens-tu, oui ou non ?

— On peut se fier à toi, Chourineur... Je n'ai pas peur d'aller chez toi, avec mon argent.... Tu n'as jamais volé, toi... tu n'es pas méchant... tu es généreux...

— Allons, c'est bon... assez d'épitaphe comme ça.

— C'est que je suis reconnaissant de ce que tu veux bien faire pour moi, Chourineur... Tu es sans haine et sans rancune, toi... — dit le brigand avec humilité; — tu vaux bien mieux que moi.

— Tonnerre! je le crois bien; M. Rodolphe m'a dit que j'avais du cœur...

— Mais quel est-il donc cet homme?... Ce

n'est pas un homme ! — s'écria le Maître d'école avec un redoublement de fureur désespérée— c'est un bourreau !... un monstre !...

Le Chourineur haussa les épaules et dit :

— Partons-nous ?

— Nous allons chez toi, n'est-ce pas, Chourineur ?

— Oui.

— Tu n'as pas de rancune de cette nuit ; tu me le jures, n'est-ce pas ?

— Oui.

— Et tu es sûr qu'il n'est pas mort..... l'homme ?

— J'en suis sûr...

— Ça sera toujours celui-là de moins — dit le brigand d'une voix sourde.

Et, s'appuyant sur le bras du Chourineur, il quitta la maison de l'allée des Veuves.

CHAPITRE XXII.

L'ÎLE-ADAM.

Un mois s'était passé depuis les événements dont nous avons parlé. Nous conduirons le lecteur dans la petite ville de l'Ile-Adam, située dans une position ravissante, au bord de la rivière de l'Oise, au pied d'une forêt.

Les plus petits faits deviennent des événements en province. Aussi les oisifs de l'Ile-Adam, qui se promenaient ce matin-là sur la place de l'église, se préoccupaient-ils beaucoup de savoir quand arriverait l'acquéreur du plus beau fonds de boucherie de la ville, tout récemment cédé par la veuve Dumont, à laquelle il appartenait.

Sans doute l'acquéreur était riche, car il avait fait splendidement peindre et décorer la boutique. Depuis trois semaines les ouvriers avaient travaillé jour et nuit; une belle grille de bronze, rehaussée d'or, s'étendait sur toute l'ouverture de l'étal, et le fermait en laissant circuler l'air. De chaque côté de la grille s'élevaient de larges pilastres, surmontés de deux grosses têtes de taureaux à cornes dorées; ils soutenaient le vaste entablement destiné à recevoir l'enseigne de la boutique. Le reste de la maison, composée d'un étage, avait été peint d'une couleur de pierre, les persiennes d'un gris clair. Les travaux étaient terminés, sauf le placement de l'enseigne, impatiemment attendu par les oisifs, très-désireux de connaître le nom du successeur de la veuve.

Enfin les ouvriers apportèrent un grand tableau, et les curieux purent lire, en lettres dorées, sur un fond noir : *Francœur, marchand boucher.*

La curiosité des oisifs de l'Ile-Adam ne fut qu'en partie satisfaite par ce renseignement. — Quel était ce M. Francœur? — Un des plus impatients alla s'en informer auprès du garçon boucher qui, l'air joyeux et ouvert, s'occupait activement des derniers soins de l'étalage.

Le garçon, interrogé sur son maître M. Francœur, répondit qu'il ne le connaissait pas encore, car il avait fait acheter ce fonds par procuration; mais le garçon ne doutait pas que son *bourgeois* ne fît tous ses efforts pour mériter la pratique de MM. les bourgeois de l'Ile-Adam.

Ce petit compliment, fait d'un air avenant et cordial, joint à l'excellente tenue de la boutique, disposa les curieux en faveur de M. Francœur; plusieurs même promirent à l'instant leur pratique à son garçon.

La maison avait une porte charretière ouvrant sur la rue de l'église.

Deux heures après l'ouverture de la boutique, une carriole d'osier toute neuve, attelée d'un bon et vigoureux cheval percheron, entra dans la cour de la boucherie; deux hommes descendirent de cette voiture.

L'un était Murph, complétement guéri de sa blessure, quoiqu'il fût encore pâle; l'autre était le Chourineur.

Au risque de répéter une vulgarité, nous

dirons que le prestige de *l'habit* est si puissant, que l'hôte des tavernes de la Cité était presque méconnaissable sous les vêtements qu'il portait. Sa physionomie avait subi la même métamorphose : il avait dépouillé avec ses haillons son air sauvage, brutal et turbulent ; à le voir marcher, ses deux mains dans les poches de sa longue et chaude redingote de castorine couleur noisette, son menton fraîchement rasé, enfoui dans une cravate blanche à coins brodés, on l'eût pris pour le bourgeois le plus inoffensif du monde.

Murph attacha la longe du licou du cheval à un anneau de fer scellé dans le mur, fit signe au Chourineur de le suivre ; ils entrèrent dans une jolie salle basse, meublée en noyer, qui formait l'arrière-boutique : les deux fenêtres donnaient sur la cour où le cheval piaffait d'impatience. Murph paraissait être chez lui, car il ouvrit une armoire, y prit une bouteille d'eau-de-vie, un verre, et dit au Chourineur :

— Le froid étant vif ce matin, mon garçon, vous boirez bien un verre d'eau-de-vie?...

— Si cela vous est égal, monsieur Murph... je ne boirai pas.

— Vous refusez?

— Oui... je suis trop content... et la joie... ça réchauffe... Après ça... quand je dis content... peut-être...

— Comment cela?

— Hier vous venez me trouver sur le port Saint-Nicolas, où je débardais crânement pour m'échauffer... Je ne vous avais pas vu depuis la nuit... où le nègre à cheveux blancs avait aveuglé le Maître d'école... C'était la première chose qu'il n'ait pas volée... c'est vrai... mais enfin... tonnerre! ça m'a remué... Et M. Rodolphe, quelle figure!... lui qui avait l'air si bon enfant... Il m'a fait peur dans ce moment-là...

— Bien... bien... Après?

— Vous m'avez donc dit: — Bonjour, Chourineur. — Bonjour, monsieur Murph... Vous voilà donc debout?... Tant mieux, tonnerre!... tant mieux. Et M. Rodolphe? — Il a été obligé de partir quelques jours après l'affaire de l'allée des Veuves. Et il vous a oublié, mon garçon... — Eh bien, monsieur Murph! que je vous réponds, si M. Rodolphe m'a oublié... vrai... ça me fait de la peine...

— Je voulais dire, mon brave, qu'il avait oublié de récompenser vos services... mais il en gardera toujours le souvenir...

— Aussi, monsieur Murph, ces paroles-là m'ont ragaillardi tout de suite... Tonnerre !... moi... je ne l'oublierai pas, allez !... Il m'a dit que j'avais du cœur et de l'honneur... enfin, suffit...

— Malheureusement, mon garçon, monseigneur est parti sans laisser d'ordre à votre sujet; moi je ne possède rien que ce que me donne monseigneur; je ne puis reconnaître, comme je le voudrais... tout ce que je vous dois pour ma part.

— Allons donc! monsieur Murph... vous plaisantez !

— Mais pourquoi diable aussi n'êtes-vous pas revenu à l'allée des Veuves après cette nuit fatale?... Monseigneur ne serait pas parti sans songer à vous...

— Dame... M. Rodolphe ne m'a pas fait demander... J'ai cru qu'il n'avait plus besoin de moi...

— Mais vous deviez bien penser qu'il avait

au moins besoin de vous témoigner sa reconnaissance...

— Puisque vous m'avez dit que M. Rodolphe ne m'avait pas oublié, monsieur Murph?...

— Allons, bien, allons, n'en parlons plus... seulement j'ai eu beaucoup de peine à vous trouver... Vous n'allez donc plus chez l'ogresse?

— Non.

— Pourquoi cela?

— C'est des idées à moi... des bêtises...

— A la bonne heure... Mais revenons à ce que vous me disiez...

— A quoi, monsieur Murph?

— Vous me disiez : Je suis content de vous avoir rencontré... et encore content, peut-être.

— M'y voilà, monsieur Murph. Hier, en venant à mon train de bois, vous m'avez dit : — « Mon garçon, je ne suis pas riche, mais je puis vous faire avoir une place où vous aurez moins de mal que sur le port, et où vous gagnerez quatre francs par jour. » — Quatre francs par jour... Vive la Charte!... je n'y pouvais pas croire... paye d'adjudant-sous-officier!!! Je vous réponds: Ça me va, monsieur Murph. — « Mais, que vous me dites, il ne faudra pas que vous soyez fait comme un gueux, car ça effraierait les bourgeois où je vous mène. » — Je vous réponds: Je n'ai pas de quoi me faire autrement. Vous me dites: — « Venez au Temple. » — Je vous suis. Je choisis ce qu'il y a de plus flambant chez la mère Hubart, vous m'avancez de quoi payer, et en un quart d'heure je suis ficelé comme un propriétaire ou comme un dentiste. Vous me donnez rendez-vous pour ce matin à la Porte-Saint-Denis, au point du jour; je vous y trouve avec votre carriole et nous voici.

— Eh bien, qu'y a-t-il à regretter pour vous dans tout cela?

— Il y a... que d'être bien mis, voyez-vous, monsieur Murph... ça gâte... et que, quand je reprendrai mon vieux bourgeron et mes guenilles, ça me fera un effet... Et puis... gagner quatre francs par jour, moi qui n'en gagnais que deux... et ça tout d'un coup... ça me fait l'effet d'être trop beau, et de ne pouvoir pas durer... et j'aimerais mieux coucher toute ma vie sur la méchante paillasse de mon garni que de coucher cinq ou six nuits dans un bon lit... Voilà mon caractère.

— Cela ne manque pas de raison... Mais il vaudrait mieux toujours coucher dans un bon lit.

— C'est clair, il vaut mieux avoir du pain tout son soûl que de crever de faim. — Ah çà! c'est donc une boucherie ici? — dit le Chourineur en prêtant l'oreille aux coups de couperet du garçon, et en entrevoyant des quartiers de bœuf à travers les rideaux.

— Oui, mon brave... elle appartient à un de mes amis... Pendant que mon cheval souffle, voulez-vous la visiter?...

— Ma foi, oui, ça me rappelle ma jeunesse, si ce n'est que j'avais Montfaucon pour abattoir et de vieilles rosses pour bétail. C'est drôle! si j'avais eu de quoi, c'est un état que j'aurais tout de même bien aimé que celui de boucher... S'en aller sur un bon bidet acheter des bestiaux dans les foires, revenir chez soi au coin de son feu, se chauffer si l'on a froid, se sécher si l'on est mouillé, trouver là sa ménagère, une bonne grosse maman, fraîche et réjouie, avec une tapée d'enfants qui vous

25.

fouillent dans vos sacoches pour voir si vous leur rapportez quelque chose... Et puis le matin... dans l'abattoir, empoigner un bœuf par les cornes, quand il est méchant surtout..: nom de nom!... il faut qu'il soit méchant... le mettre à l'anneau... l'abattre, le dépecer, le parer... Tonnerre! ça aurait été mon ambition, comme à la Goualeuse de manger du sucre d'orge quand elle était petite... A propos de cette pauvre fille, monsieur Murph... en ne la voyant plus revenir chez l'ogresse, je me suis bien douté que M. Rodolphe l'avait tirée de là. Tenez, ça, c'est une bonne action, monsieur Murph. Pauvre fille! ça ne demandait pas à mal faire... C'était si jeune!... Et plus tard... l'habitude... Enfin M. Rodolphe a bien fait.

— Je suis de votre avis. Mais voulez-vous venir visiter la boutique, en attendant que notre cheval ait soufflé?

Le Chourineur et Murph entrèrent dans la boutique; puis ils allèrent voir l'étable où étaient renfermés trois bœufs magnifiques et une vingtaine de moutons; puis l'écurie, la remise, la tuerie, les greniers et les dépendances de cette maison, tenue avec un soin, une propreté qui annonçaient l'ordre et l'aisance.

Lorsqu'ils eurent tout vu, sauf l'étage supérieur :

— Avouez — dit Murph — que mon ami est un gaillard bien heureux. Cette maison et ce fonds sont à lui, sans compter un millier d'écus roulants pour son commerce ; avec cela trente-huit ans, fort comme un taureau, d'une santé de fer, le goût de son état. Le brave et honnête garçon que vous avez vu en bas le remplace avec beaucoup d'intelligence, quand il va en foire acheter des bestiaux... Encore une fois, n'est-il pas bien heureux, mon ami?..

— Ah! dame, oui, monsieur Murph; mais que voulez-vous? il y a des heureux et des malheureux; quand je pense que je vas gagner quatre francs par jour... et qu'il y en a qui n'en gagnent que moitié, ou moins...

— Voulez-vous monter voir le reste de la maison?

— Volontiers, monsieur Murph.

— Justement le bourgeois qui doit vous employer est là-haut.

— Le bourgeois qui doit m'employer?

— Oui.

— Tiens, pourquoi donc que vous ne me l'avez pas dit plus tôt?

— Je vous expliquerai cela plus tard...

— Un moment — dit le Chourineur d'un air triste et embarrassé, en arrêtant Murph par le bras; — écoutez, je dois vous dire une chose... que monsieur... Rodolphe ne vous a peut-être pas dite, mais que je ne dois pas cacher au bourgeois qui veut m'employer..... parce que si cela le dégoûte, autant que ce soit tout de suite... qu'après.

— Que voulez-vous dire?

— Je veux dire...

— Eh bien?

— Que je suis repris de justice... que j'ai été au bagne... — dit le Chourineur d'une voix sourde.

— Ah! — fit Murph.

— Mais je n'ai jamais fait de tort à personne — s'écria le Chourineur — et je crèverais plutôt de faim que de voler... Mais j'ai fait pis que voler — ajouta le Chourineur en baissant la tête — j'ai tué... par colère... Enfin ce n'est pas tout ça — reprit-il après un moment de silence — les bourgeois ne veulent jamais employer un forçat; ils ont raison, c'est pas là qu'on couronne des rosières. C'est ce qui m'a toujours empêché de trouver de l'ouvrage ailleurs que sur les ports à débarder des trains de bois; car j'ai toujours dit en me présentant pour travailler : Voici... voilà... en voulez-vous? n'en voulez-vous pas? J'aime mieux être refusé tout de suite que découvert plus tard... C'est pour vous dire que je vais tout dégoiser au bourgeois. Vous le connaissez; s'il doit me refuser, évitez-moi ça en me le disant, et je vais tourner mes talons.

— Venez toujours — dit Murph.

Le Chourineur suivit Murph, ils montèrent un escalier : une porte s'ouvrit, tous deux se trouvèrent en présence de Rodolphe.

— Mon bon Murph... laisse-nous — dit Rodolphe.

CHAPITRE XXIII.

RÉCOMPENSE.

— Vive la Charte ! je suis crânement content de vous retrouver, monsieur Rodolphe, ou plutôt monseigneur... — s'écria le Chourineur.

Il éprouvait une véritable joie à revoir Rodolphe ; car les cœurs généreux s'attachent autant par les services qu'ils rendent que par ceux qu'ils reçoivent.

— Bonjour, mon garçon, je suis aussi ravi de vous voir.

— Farceur de M. Murph ! qui disait que vous étiez parti... mais tenez, monseigneur...

—Appelez-moi monsieur Rodolphe, j'aime mieux ça.

— Eh bien! monsieur Rodolphe, pardon de n'avoir pas été vous revoir après la nuit du Maître d'école... Je sens maintenant que j'ai fait une impolitesse; mais enfin, vous ne m'en voudrez pas, n'est-ce pas?

— Je vous la pardonne — dit Rodolphe en souriant. Puis il ajouta:

— Murph vous a fait voir cette maison?

— Oui monsieur Rodolphe... belle habitation, belle boutique; c'est cossu, soigné... A propos de cossu, c'est moi qui vas l'être, monsieur Rodolphe: quatre francs par jour que monsieur Murph me fait gagner.... quatre francs!

— J'ai mieux que cela à vous proposer, mon garçon.

— Oh! mieux, sans vous commander, c'est difficile... quatre francs par jour!

— J'ai mieux à vous proposer, vous dis-je; car cette maison, ce qu'elle contient, cette boutique et mille écus que voici dans ce portefeuille, tout cela vous appartient.

Le Chourineur sourit d'un air stupide, aplatit son castor à longs poils entre ses deux genoux, qu'il serrait convulsivement, et ne comprit pas ce que Rodolphe lui disait, quoique ses paroles fussent très-claires.

Celui-ci reprit avec bonté :

— Je conçois votre surprise; mais je vous le répète, cette maison et cet argent sont à vous, sont votre propriété.

Le Chourineur devint pourpre, passa sa main calleuse sur son front baigné de sueur, et balbutia d'une voix altérée :

— Oh! c'est-à-dire... c'est-à-dire... ma propriété...

— Oui... votre propriété... puisque je vous donne tout cela; comprenez-vous? je vous le donne à vous...

Le Chourineur s'agita sur sa chaise, se gratta la tête, toussa, baissa les yeux et ne répondit pas... Il sentait le fil de ses idées lui échapper... il entendait parfaitement ce que lui disait Rodolphe, et c'est justement pour cela qu'il ne pouvait croire à ce qu'il entendait. Entre la misère profonde, la dégradation où il avait toujours vécu, et la position que lui assurait Rodolphe, il y avait un abîme que le service qu'il avait rendu à Rodolphe ne comblait même pas.

Ne hâtant pas le moment où son protégé ouvrirait enfin les yeux à la réalité, Rodolphe jouissait avec délices de cette stupeur, de cet étourdissement du bonheur...

Il voyait avec un mélange de joie et d'amertume indicibles, que chez certains hommes l'habitude de la souffrance et du malheur est telle que leur raison se refuse à admettre la possibilité d'un avenir qui serait, pour un grand nombre, une existence très-peu enviable.

Certes — pensait-il — si l'homme a jamais, à l'instar de Prométhée, ravi quelque rayon de la divinité, c'est dans ces moments où il fait (qu'on pardonne ce blasphème) ce que la Providence devrait faire de temps à autre pour l'édification du monde : prouver aux bons et aux méchants qu'il y a récompense pour les uns, punition pour les autres.

Après avoir encore un peu joui du bienheureux hébétement du Chourineur, Rodolphe continua :

— Ce que je vous donne vous semble donc bien au delà de vos espérances?

— Monseigneur! — dit le Chourineur en

RÉCOMPENSE.

se levant brusquement — vous me proposez cette maison et beaucoup d'argent... pour me tenter; mais... je ne peux pas...

— Vous ne pouvez pas, quoi? — dit Rodolphe avec étonnement.

Le visage du Chourineur s'anima, sa honte cessa; il dit d'une voix ferme :

— Ce n'est pas pour m'engager à voler que vous m'offrez tant d'argent, je le sais bien. D'ailleurs, je n'ai jamais volé de ma vie... c'est peut-être pour tuer... mais j'ai bien assez du rêve du sergent! ajouta le Chourineur d'une voix sombre.

— Ah! les malheureux! — s'écria Rodolphe avec amertume. — La compassion qu'on leur témoigne est-elle donc rare à ce point, qu'ils ne peuvent s'expliquer la libéralité que par le crime?...

Puis, s'adressant au Chourineur, il lui dit d'un ton plein de douceur :

— Vous me jugez mal... vous vous trompez... Je n'exigerai rien de vous que d'honorable. Ce que je vous donne, je vous le donne parce que vous le méritez.

— Moi! — s'écria le Chourineur dont les

ébahissements recommencèrent — je le mérite, et comment ?

— Je vais vous le dire : Sans notion du bien et du mal, abandonné à vos instincts sauvages, renfermé pendant quinze ans au bagne avec les plus affreux scélérats, pressé par la misère, par la faim ; forcé, par votre flétrissure et par la réprobation des honnêtes gens, à continuer à fréquenter la lie des malfaiteurs, non-seulement vous êtes resté probe, mais le remords de votre crime a survécu à l'expiation que la justice humaine vous avait imposée.

Ce langage simple et noble fut une nouvelle source d'étonnement pour le Chourineur. Il regardait Rodolphe avec un respect mêlé de crainte et de reconnaissance. Mais il ne pouvait encore se rendre à l'évidence.

— Comment, monsieur Rodolphe... parce que vous m'avez battu, parce que, vous croyant ouvrier comme moi, puisque vous parliez argot comme père et mère... je vous ai raconté ma vie entre deux verres de vin... et qu'après ça je vous ai empêché de vous noyer... Vous, comment ? Enfin... moi, une maison... de l'argent... moi comme un bourgeois... Tenez, monsieur Rodolphe, encore une fois, c'est pas possible...

— Me croyant un des vôtres, vous m'avez raconté votre vie naturellement et sans feinte, sans cacher ce qu'il y avait eu de coupable ou de généreux. Je vous ai jugé... bien jugé, et il me plaît de vous récompenser.

— Mais, monsieur Rodolphe, ça ne se peut pas... Non, enfin, il y a de pauvres ouvriers qui toute leur vie ont été honnêtes et qui.....

— Je le sais, et j'ai peut-être fait pour plusieurs de ceux-là plus que je ne fais pour vous. Mais si l'homme qui vit honnête au milieu de gens honnêtes, encouragé par leur estime, mérite intérêt et appui, celui qui, malgré l'éloignement des gens de bien reste honnête au milieu des plus abominables scélérats de la terre, celui-là aussi mérite intérêt et appui. D'ailleurs ce n'est pas tout : vous m'avez sauvé la vie... vous l'avez aussi sauvée à Murph, mon ami le plus cher... Ce que je fais pour vous m'est donc autant dicté par la reconnaissance personnelle que par le désir de retirer de la fange une bonne et forte nature qui s'est égarée mais non perdue... Et ce n'est pas tout.

— Qu'est-ce donc que j'ai encore fait, monsieur Rodolphe?

Rodolphe lui prit cordialement la main et lui dit:

— Rempli de commisération pour le malheur d'un homme qui auparavant avait voulu vous tuer, vous lui avez offert votre appui; vous lui avez même donné asile dans votre pauvre demeure, impasse Notre-Dame, n° 9.

— Vous saviez où je demeurais, monsieur Rodolphe.

— Parce que vous oubliez les services que vous m'avez rendus, je ne les oublie pas, moi. Lorsque vous avez quitté ma maison, on vous a suivi; on vous a vu rentrer chez vous avec le Maître d'école.

— Mais M. Murph m'avait dit que vous ne saviez pas où je demeurais, monsieur Rodolphe.

— Je voulais tenter sur vous une dernière épreuve... je voulais savoir si vous aviez le désintéressement de la générosité.... En effet, après votre courageuse action, vous êtes retourné à vos rudes labeurs de chaque jour, ne demandant rien, n'espérant rien, n'ayant pas même un mot d'amertume pour blâmer l'apparente ingratitude avec laquelle je méconnaissais vos services; et quand hier Murph vous a proposé une occupation un peu mieux rétribuée que votre travail habituel, vous avez accepté avec joie, avec reconnaissance !

— Ecoutez donc, monsieur Rodolphe, pour ce qui est de ça... quatre francs par jour sont toujours quatre francs par jour.... Quant au service que je vous ai rendu... c'est plutôt moi qui vous remercie...

— Comment cela?...

— Oui, oui, monsieur Rodolphe — ajouta-t-il d'un air triste. — Il m'est encore revenu des choses... car depuis que je vous connais et que vous m'avez dit ces deux mots : *Tu as encore du* COEUR *et de l'*HONNEUR, c'est étonnant comme je réfléchis.... C'est tout de même drôle que deux mots, deux seuls mots, produisent ça. Mais, au fait, semez deux petits grains de blé de rien du tout dans la terre, et il va pousser de grands épis.

Cette comparaison juste, presque poétique, frappa Rodolphe. En effet, deux mots... mais deux mots puissants, et magiques pour ceux qui les comprennent, avaient presque subitement développé dans cette nature énergique les bons et généreux instincts qui existaient en germe.

— Voyez-vous, monseigneur — reprit le Chourineur — j'ai sauvé M. Rodolphe et un peu M. Murph... c'est vrai... mais j'en sauverais des centaines, des milliers, que ça ne rendrait pas la vie à ceux...

Et le Chourineur baissa la tête d'un air sombre.

— Ce remords est salutaire, mais une bonne action est toujours comptée.

— Et puis, dans ce que vous avez dit au Maître d'école sur les meurtriers, monsieur Rodolphe, il y avait des choses qui pouvaient m'aller, en bien comme en mal.

Voulant rompre le cours des pensées du Chourineur, Rodolphe dit :

— C'est vous qui avez placé le Maître d'école à Saint-Mandé ?

— Oui, monsieur Rodolphe... Il m'avait fait changer ses billets pour de l'or et acheter une ceinture que je lui ai cousue sur lui... Nous avons mis son *quibus* là-dedans, et bon voyage! Il est en pension pour trente sous par jour... chez de bien bonnes gens à qui ça fait une petite douceur.

— Il faudra que vous me rendiez encore un service, mon garçon.

— Parlez, monsieur Rodolphe...

— Dans quelques jours vous irez le trouver.... avec ce papier.... c'est le titre d'une place à perpétuité aux *Bons Pauvres*. Il donnera quatre mille cinq cents francs, et il sera admis, pour sa vie, à la présentation de ce titre : c'est convenu, tout est arrangé. J'ai réfléchi que cela vaudrait mieux. Il s'assurera ainsi un abri et du pain pour le restant de ses jours... et il n'aura qu'à songer au repentir... Je regrette même de ne lui avoir pas tout de suite donné cette entrée, au lieu d'une somme qui peut être dissipée ou volée... mais il m'inspirait une telle horreur... que je voulais avant tout être délivré de sa présence. Vous lui ferez donc cette offre, et vous le conduirez à l'hospice... Si par hasard il refuse... nous verrons à agir autrement... Il est donc convenu que vous irez le trouver?

— Ce serait avec plaisir, monsieur Rodolphe que je vous rendrais ce service, comme vous dites... mais je ne sais pas si je serai libre. M. Murph m'a engagé avec un bourgeois pour quatre francs par jour.

Rodolphe regarda le Chourineur avec étonnement.

— Comment!... Et votre boutique? et votre maison?...

— Voyons, monsieur Rodolphe, ne vous moquez pas d'un pauvre diable. Vous vous êtes déjà assez amusé à m'*éprouver*, comme vous dites. Votre maison et votre boutique, c'est une chanson sur le même air... Vous vous êtes dit : Voyons donc si cet animal de Chourineur sera assez coq d'Inde pour se figurer que... Assez, assez, monsieur Rodolphe. Vous êtes un jovial... fini!

— Comment! tout à l'heure ne vous ai-je pas expliqué...

— Pour donner de la couleur à la chose... connu... et, foi d'homme, j'y avais un brin mordu. Fallait-il être buse!

— Mais, mon garçon... vous êtes fou!

— Non, non, monseigneur... Tenez, parlez-moi de M. Murph... Quoique ça soit déjà crânement étonnant, quatre francs par jour... à la rigueur ça se conçoit; mais une maison, une boutique, de l'argent en masse... quelle farce!... Tonnerre, quelle farce!...

Et il se mit à rire d'un gros rire bruyant et sincère.

— Mais, encore une fois...

— Ecoutez, monseigneur, franchement vous m'avez d'abord un petit peu mis dedans. C'est quand je me suis dit: M. Rodolphe est un gaillard comme il n'y en a pas beaucoup, il a peut-être quelque chose à envoyer chercher chez le *boulanger* (1), il me donne la commission et il veut me graisser la patte pour que je ne craigne pas le roussi... Mais après ça j'ai réfléchi que j'avais tort de penser ça de vous... et c'est là où j'ai vu que vous me montiez une farce; car si j'étais assez *Job* pour croire que vous me donnez toute une fortune pour rien de rien... c'est pour le coup, monseigneur, que vous diriez: Pauvre Chourineur, va! tu me fais de la peine... tu es donc malade?

Rodolphe commençait à être assez embarrassé de convaincre le Chourineur. Il lui dit

(1) Le diable.

d'un ton grave, imposant, presque sévère :

— Je ne plaisante jamais avec la reconnaissance et l'intérêt que m'inspire une noble conduite... Je vous l'ai dit : cette maison et cet argent sont à vous... c'est moi qui vous les donne... Et puisque vous hésitez à me croire... puisque vous me forcez de vous faire un serment, — je vous jure sur l'honneur que tout ceci vous appartient, et que je vous le donne pour les raisons que je vous ai dites.

A cet accent ferme, digne; à l'expression sérieuse des traits de Rodolphe, le Chourineur ne douta plus de la vérité. Pendant quelques moments il le regarda en silence, puis il lui dit sans emphase et d'une voix profondément émue :

— Je vous crois, monseigneur, et je vous remercie bien... Un pauvre homme comme moi ne sait pas faire de phrases. Encore une fois, tenez... je vous remercie bien... Tout ce que je peux vous dire, voyez-vous.. c'est que je ne refuserai jamais un secours aux malheureux... parce que la faim et la misère... c'est des ogresses dans le genre de celles qui ont embauché cette pauvre Goualeuse... et qu'une fois dans l'égout, tout le monde n'a pas la *poigne* assez forte pour s'en retirer.

— Vous ne pouviez mieux me remercier, mon garçon... vous me comprenez... Vous trouverez dans ce secrétaire les titres de cette propriété, acquise pour vous au nom de M. *Francœur*.

— M. Francœur?

— Vous n'avez pas de nom... je vous donne celui-là... Il est d'un bon présage... Vous l'honorerez, j'en suis sûr...

— Monseigneur, je vous le promets.

— Courage, mon garçon!... Vous pouvez m'aider dans une bonne et belle œuvre.

— Moi, monseigneur?

— Vous; aux yeux du monde, vous serez un vivant et salutaire exemple... L'heureuse position que la Providence vous fait prouvera que les gens tombés bien bas peuvent encore se relever et beaucoup espérer lorsqu'ils se repentent et qu'ils conservent pures quelques saillantes qualités. En vous voyant heureux parce qu'après avoir commis une criminelle action, expiée par une punition terrible, vous êtes resté probe, courageux, désintéressé, ceux qui auront failli tâcheront de devenir meilleurs. Je veux qu'on n'ignore rien de votre passé. Tôt ou tard on le connaîtrait ; il vaut mieux aller au-devant d'une révélation. Tout à l'heure donc j'irai trouver avec vous le maire de cette commune. Je me suis informé de lui ; c'est un homme digne de concourir à mon œuvre. Je me nommerai et je serai votre caution ; et pour établir dès à présent des relations honorables entre vous et les deux personnes qui représentent moralement la société de cette ville, j'assurerai pendant deux ans une somme mensuelle de mille francs destinée aux pauvres ; chaque mois je vous enverrai cette somme, dont l'emploi sera réglé par vous, par le maire et par le curé. Si l'un d'eux conservait les moindres scrupules à se mettre en rapport avec vous, ce scrupule s'effacerait devant les exigences de la charité. Ces relations une fois assurées, il dépendra de vous de mériter l'estime de ces gens recommandables, et vous n'y manquerez pas.

— Monseigneur... je vous comprends... Ce n'est pas moi, le Chourineur, à qui vous faites tout ce bien, c'est aux malheureux qui, comme moi, se sont trouvés dans la peine, dans le crime, et qui en sont sortis, comme vous dites, avec *du cœur et de l'honneur.* Sauf votre respect, c'est comme dans l'armée : quand tout un bataillon a donné à mort, on ne peut pas décorer tout le monde, il n'y a que quatre croix pour cinq cents braves ; mais ceux qui n'ont pas l'étoile se disent : « Bon... je l'aurai une autre fois, » et l'autre fois ils chargent plus à mort encore.

Rodolphe écoutait son protégé avec bonheur. En rendant à cet homme l'estime de soi, en le relevant à ses propres yeux, en lui donnant pour ainsi dire la conscience de sa valeur, il avait presque instantanément développé dans son cœur et dans son esprit des réflexions remplies de sens, d'honorabilité, on dirait presque de délicatesse.

— Ce que vous me dites-là, *Francœur* — reprit Rodolphe — est une nouvelle manière de me prouver votre reconnaissance... Je vous en sais gré.

— Tant mieux, monseigneur, car je serais bien embarrassé de vous la prouver autrement.

— Maintenant... allons visiter votre maison ; mon vieux Murph s'est donné ce plaisir, et je veux l'avoir aussi.

Rodolphe et le Chourineur descendirent.

Au moment où ils entraient dans la cour, le garçon, s'adressant au Chourineur, lui dit respectueusement :

— Puisque c'est vous qui êtes le bourgeois, monsieur Francœur, je viens vous dire que la pratique donne. Il n'y a plus de côtelettes ni de gigots... et il faudrait saigner un ou deux moutons tout de suite.

— Parbleu ! — dit Rodolphe au Chourineur — voici une belle occasion d'exercer votre talent. Et je veux en avoir l'étrenne... le grand air m'a donné de l'appétit, et je goûterai de vos côtelettes, bien qu'un peu dures, je le crains.

— Vous êtes bien bon... monsieur Rodolphe — dit le Chourineur d'un air joyeux ; — vous me flattez ; je vas faire de mon mieux...

— Faut-il mener deux moutons à la tuerie, bourgeois ? — dit le garçon.

— Oui... et apporte un couteau bien aiguisé, pas trop fin de tranchant... et fort de dos...

— J'ai votre affaire, bourgeois... soyez tranquille... c'est à se raser avec... Tenez...

— Tonnerre... monsieur Rodolphe!! — dit le Chourineur en ôtant sa redingote avec empressement et en relevant les manches de sa chemise qui laissaient voir ses bras d'athlète. — Ça me rappelle ma jeunesse... et l'abattoir... Vous allez voir comme je taille là-dedans... Nom de nom... je voudrais déjà y être!.. Ton couteau, garçon... ton couteau... C'est ça... tu t'y entends... Voilà une lame!.. Qui est-ce qui en veut?.. — Tonnerre! avec un chourin comme ça je mangerais un taureau furieux...

Et le Chourineur brandit le couteau. Ses yeux commençaient à s'injecter de sang; la bête reprenait le dessus; l'instinct, l'appétit sanguinaire reparaissait dans toute son effrayante énergie.

La tuerie était dans la cour.

C'était une pièce voûtée, sombre, dallée de pierres et éclairée de haut par une étroite ouverture.

Le garçon conduisit un des moutons jusqu'à la porte.

— Faut-il le passer à l'anneau, bourgeois?

— L'attacher, tonnerre!.. Et ces genoux-là!.. Sois tranquille... je le serrerai là-dedans comme dans un étau... Donne-moi la bête, et retourne à la boutique.

Le garçon rentra.

Rodolphe resta seul avec le Chourineur; il l'examinait avec attention, presque avec anxiété.

— Voyons, à l'ouvrage! — lui dit-il.

— Et ça ne sera pas long, tonnerre!.. Vous allez voir si je manie le couteau... Les mains me brûlent... Ça me bourdonne aux oreilles... Les tempes me battent comme quand j'allais y *voir rouge*... Avance ici, toi... eh! *Madelon*, que je te chourine à mort!

Et, les yeux brillants d'un éclat sauvage, ne s'apercevant plus de la présence de Rodolphe, il souleva la brebis sans efforts, et d'un bond il l'emporta dans la tuerie avec une joie féroce...

On eût dit d'un loup se sauvant dans sa tanière avec sa proie...

Rodolphe le suivit, s'appuya sur un des ais de la porte qu'il ferma...

La tuerie était sombre; un vif rayon de lumière, tombant d'aplomb, éclairait à la Rembrandt la rude figure du Chourineur... ses cheveux blond-pâle et ses favoris roux... Courbé en deux, tenant aux dents un long couteau qui brillait dans le clair-obscur, il attirait la brebis entre ses genoux... Lorsqu'il l'y eut assujettie, il la prit par la tête, lui fit tendre le cou... et l'égorgea...

Au moment où la brebis sentit la lame, elle poussa un petit bêlement doux, plaintif, tourna son regard mourant vers le Chourineur... et deux jets de sang frappèrent le tueur au visage.

Ce cri, ce regard, ce sang dont il dégouttait causèrent une épouvantable impression à cet homme. Son couteau lui tomba des mains; sa figure devint livide, contractée, effrayante sous le sang qui la couvrait; ses yeux s'arrondirent, ses cheveux se hérissèrent; puis, reculant tout à coup avec horreur, il s'écria d'une voix étouffée :

— Oh! le sergent! le sergent!..

Rodolphe courut à lui.

— Reviens à toi, mon garçon...

— Là... là... le sergent... — répéta le Chourineur en se reculant pas à pas... l'œil fixe, hagard, et montrant du doigt quelque fantôme invisible. Puis, poussant un cri effroyable, comme si le spectre l'eût touché, il se précipita au fond de la tuerie, dans l'endroit le plus noir, et là, se jetant la face, la poitrine, les bras contre le mur, comme s'il eût voulu le renverser pour échapper à une horrible vision, il répétait encore d'une voix sourde et convulsive :

— Oh! le sergent!.. le sergent!.. le sergent!..

. . . .

CHAPITRE XXIV.

LE DÉPART.

Grâce aux soins de Murph et de Rodolphe, qui calmèrent à grand'peine son agitation, le Chourineur revint complétement à lui après une longue crise.

Il se trouvait seul avec Rodolphe dans une des pièces du premier étage de la boucherie.

— Monseigneur — dit-il avec abattement — vous avez été bien bon pour moi... mais tenez, voyez-vous, j'aimerais mieux être mille fois plus malheureux encore que je l'ai été que d'accepter l'état que vous me proposez...

— Réfléchissez... pourtant.

— Tenez, monseigneur... quand j'ai entendu le cri de cette pauvre bête qui ne se défendait pas... quand j'ai senti son sang me sauter à la figure... un sang chaud... qui avait l'air d'être en vie... oh!.. vous ne savez pas ce que c'est... alors, j'ai revu mon rêve... le sergent... et ces pauvres jeunes soldats que je chourinais... qui ne se défendaient pas, et qui en mourant me regardaient d'un air si doux... si doux... qu'ils avaient l'air de me plaindre... Oh! monseigneur!.. c'est à devenir fou!...

Et le malheureux cacha sa tête dans ses mains avec un mouvement convulsif.

— Allons, calmez-vous.

— Excusez-moi, monseigneur ; mais maintenant, la vue du sang... d'un couteau... je ne pourrais la supporter... A chaque instant ça réveillerait mes rêves que je commençais à oublier... Avoir tous les jours les mains ou les pieds dans le sang... égorger de pauvres bêtes... qui ne se défendent pas... oh non! non, je ne pourrais pas... J'aimerais mieux être aveugle, comme le Maître d'école, que d'être réduit à ce métier.

Il est impossible de peindre l'énergie du geste, de l'accent, de la physionomie du Chourineur en s'exprimant ainsi.

LE DÉPART.

Rodolphe se sentait profondément ému. Il était satisfait de l'horrible impression que la vue du sang avait causée à son protégé.

Un moment, chez le Chourineur, la bête sauvage, l'instinct sanguinaire avait vaincu l'homme; mais le remords avait vaincu l'instinct. Cela était beau, cela était un grand enseignement.

Il faut le dire à la louange de Rodolphe, il n'avait pas désespéré de ce mouvement. Sa volonté, non le hasard, avait amené la scène de la tuerie.

— Pardonnez-moi, monseigneur — dit timidement le Chourineur — je récompense bien mal vos bontés pour moi... mais...

— Loin de là... vous comblez mes vœux... Pourtant, je vous l'avoue, je n'étais pas certain de trouver chez vous cette sainte exaltation du remords.

— Comment, monseigneur?

— Écoutez — dit Rodolphe — voici quelle avait été ma pensée : j'avais choisi pour vous l'état de boucher, parce que vos goûts, vos instincts vous y portaient...

— Hélas! monseigneur, c'est vrai... Sans

ce que vous savez, ça aurait été mon bonheur... je le disais encore tantôt à M. Murph.

— Je le savais..... aussi, mon pauvre *Francœur*, le bien nommé; si vous aviez accepté l'offre que je vous faisais... et vous le pouviez sans perdre de mon estime, tout ce qui est ici vous appartenait..... je payais une dette sacrée..... je vous retirais d'une position pénible, je constituais en vous un bon et frappant et salutaire exemple... et je continuais de m'intéresser à votre avenir. Si, au contraire, la vue du sang que vous vous apprêtiez à verser machinalement vous rappelait votre crime; si un soulèvement involontaire me prouvait que le remords veillait toujours au fond de votre âme, mes vues pour vous changeaient; car l'état que je vous offrais devenait un supplice de chaque jour...

— Oh! c'est bien vrai, monsieur Rodolphe, un supplice horrible.

— Maintenant, voici ce que je vous propose; vous accepterez, je le crois, car j'ai agi d'après cette certitude. Une personne qui possède beaucoup de propriétés en Algérie m'a cédé pour vous (il n'y a plus du moins qu'à signer l'acte) une vaste ferme, destinée à l'élève des bestiaux. Les terres qui en dépendent sont très-fertiles et en pleine exploitation; mais, je ne vous le cache pas, connaissant votre courage et le besoin où vous êtes de l'exercer, j'ai conditionnellement acquis ces biens, quoiqu'ils fussent situés sur les limites de l'Atlas, c'est-à-dire aux avant-postes, et exposés à de fréquentes attaques des Arabes... Il faut être là au moins autant soldat que cultivateur; c'est à la fois une redoute et une métairie. L'homme qui fait valoir cette habitation en l'absence du propriétaire vous mettrait au fait de tout; il est, dit-on, honnête et dévoué; vous le garderiez auprès de vous tant qu'il vous serait nécessaire. Une fois établi là, non-seulement vous pourriez augmenter votre aisance par le travail et par l'intelligence, mais rendre de vrais services au pays par votre courage. Les colons se forment en milice... L'étendue de votre propriété, le nombre des tenanciers qui en dépendent vous rendraient le chef d'une troupe armée assez considérable. Disciplinée, électrisée par votre bravoure, elle pourrait être d'une extrême utilité pour protéger les propriétés éparses dans la plaine. Je vous le répète, j'ai choisi cela, malgré le danger; ou plutôt à cause du danger, parce que je voulais utiliser votre intrépidité naturelle; parce que, tout en ayant expié, presque racheté un grand crime, votre réhabilitation sera plus noble, plus entière, plus héroïque, si elle s'achève au milieu des périls d'un pays indompté qu'au milieu des paisibles habitudes d'une petite ville. Si je ne vous ai pas d'abord offert cette position, c'est qu'il était plus que probable que l'autre vous satisferait; et celle-ci est si aventureuse, que je ne voulais pas vous y exposer sans vous laisser de choix... Il en est temps encore... si cet établissement ne vous convient pas, dites-le-moi franchement, nous chercherons autre chose... sinon, demain tout sera signé; je vous remettrai les titres de votre propriété..... et vous irez à Alger avec une personne désignée par l'ancien propriétaire de la métairie pour vous mettre en possession des biens..... Il vous sera dû deux années de fermage; vous les toucherez en arrivant. La terre rapporte trois mille francs; travaillez, améliorez, soyez actif, vigilant, et vous accroîtrez facilement votre bien-être et celui des colons que vous serez à même de secourir; car, je n'en doute pas, vous vous montrerez toujours charitable, généreux ; vous vous rappellerez qu'être riche, c'est donner beaucoup... Quoique éloigné de vous, je ne vous perdrai pas de vue. Je n'oublierai jamais que moi et mon meilleur ami nous vous devons la vie. L'unique preuve d'attachement et de reconnaissance que je vous demande est d'apprendre assez vite à lire et à écrire pour pouvoir m'instruire régulièrement une fois par semaine de ce que vous faites, et vous adresser directement à moi si vous avez besoin de conseil ou d'appui.

. . . .

Il est inutile de peindre les transports de joie du Chourineur. Son caractère et ses instincts sont assez connus du lecteur pour que l'on comprenne qu'aucune proposition ne pouvait lui convenir davantage.

. . . .

Le lendemain, en effet, le Chourineur partit pour Alger.

FIN DE LA PREMIÈRE PARTIE.

TABLE DES CHAPITRES.

Chap. Ier. Le tapis-franc.	1
II. L'ogresse.	19
III. Histoire de la Goualeuse	47
IV. Histoire du Chourineur	79
V. L'arrestation.	101
VI. Tom et Sarah.	119
VII. La bourse ou la vie.	135
VIII. Promenade.	145
IX. La surprise.	165
X. La ferme	181
XI. Les souhaits.	195
XII. La ferme.	205
XIII. Murph et Rodolphe.	213
XIV. Les adieux	233
XV. Le rendez-vous	253
XVI. Préparatifs	277
XVII. Le Cœur-Saignant.	291
XVIII. Le caveau.	307
XIX. Le garde-malade	315
XX. Récit du chourineur	325
XXI. La punition	349
XXII. L'Ile-Adam	379
XXIII. Récompense.	393
XXIV. Le départ.	415

CPSIA information can be obtained
at www.ICGtesting.com
Printed in the USA
LVHW081710201220
674691LV00004B/75